# DEMONOLOGÍA

Guía de Todo lo que Querías Saber Acerca de los
Demonios y Entidades Malignas

## ALEXIS SANTOS

© **Copyright 2021 – Alexis Santos - Todos los derechos reservados.**

Este documento está orientado a proporcionar información exacta y confiable con respecto al tema tratado. La publicación se vende con la idea de que el editor no tiene la obligación de prestar servicios oficialmente autorizados o de otro modo calificados. Si es necesario un consejo legal o profesional, se debe consultar con un individuo practicado en la profesión.

- Tomado de una Declaración de Principios que fue aceptada y aprobada por unanimidad por un Comité del Colegio de Abogados de Estados Unidos y un Comité de Editores y Asociaciones.

De ninguna manera es legal reproducir, duplicar o transmitir cualquier parte de este documento en forma electrónica o impresa.

La grabación de esta publicación está estrictamente prohibida y no se permite el almacenamiento de este documento a menos que cuente con el permiso por escrito del editor. Todos los derechos reservados.

La información provista en este documento es considerada veraz y coherente, en el sentido de que cualquier responsabilidad, en términos de falta de atención o de otro tipo, por el uso o abuso de cualquier política, proceso o dirección contenida en el mismo, es responsabilidad absoluta y exclusiva del lector receptor. Bajo ninguna circunstancia se responsabilizará legalmente al editor por cualquier reparación, daño o pérdida monetaria como consecuencia de la información contenida en este documento, ya sea directa o indirectamente.

Los autores respectivos poseen todos los derechos de autor que no pertenecen al editor.

La información contenida en este documento se ofrece únicamente con fines informativos, y es universal como tal. La presentación de la información se realiza sin contrato y sin ningún tipo de garantía endosada.

El uso de marcas comerciales en este documento carece de consentimiento, y la publicación de la marca comercial no tiene ni el permiso ni el respaldo del propietario de la misma.

Todas las marcas comerciales dentro de este libro se usan solo para fines de aclaración y pertenecen a sus propietarios, quienes no están relacionados con este documento.

# Índice

Introducción — vii

1. La Angelología — 1
2. La Cultura Popular Demonológica — 17
3. El papel evolutivo de Satanás — 25
4. La historia de Seth — 27
5. Ángeles en la Biblia Hebrea — 29
6. ¿Qué son los demonios según la Biblia? — 37
7. ¿Qué pasa con la posesión demoníaca? — 41
8. Considerando la posesión demoníaca — 47
9. Los demonólogos más famosos — 65
10. Protección contra fuerzas demoníacas — 75
11. Demonios de la A a la Z — 87
    Conclusión — 161
    Bibliografía — 167

## Introducción

Empecemos echando un vistazo teológico a la Demonología. ¿Qué es exactamente la demonología? Como cualquier palabra que termina en "logia" resulta tentador simplemente decir "La demonología es el estudio de los demonios" y quedarnos únicamente con eso. Desafortunadamente, entender la demonología en un aspecto teológico no es tan simple. En realidad, se trata de una especialidad de la teología similar a la angelología, la cual realiza la misma tarea pero referida a los ángeles.

Esta disciplina confecciona listas en las que clasifica a estos espíritus maléficos, estableciendo jerarquías, orígenes, historias y modos de operar. Es de hecho más preciso decir que la demonología es el estudio de seres sobrenaturales que no son dioses; esto puede incluir espíritus que pueden ser también considerados benévolos. Esta disciplina varía entre las creencias culturales y las espirituales.

## Introducción

La demonología ha estado presente en la mayoría de las civilizaciones desde tiempos remotos. En casi todas las culturas aparece la figura de uno o varios seres malignos con poderes sobrenaturales, que se contrapone a las divinidades bondadosas y protectoras.

Si, por un instante tu crees en los demonios que son los pequeños "ayudantes" o "sirvientes" de Satán, pero que tienen una gran atracción por alguna religión de la naturaleza, puede que también creas en las hadas, en duendes, o en otros "espíritus" que son considerados "traviesos" pero que no necesariamente son "malvados" por sí mismos. Este libro verá la demonología en un contexto Cristiano Occidental. No obstante, de ninguna manera se trata de un libro religioso.

En el siglo XXI, más personas tienen algún conocimiento pasajero de la demonología de lo que podrías esperar, pero mucho de ese conocimiento es derivado de la cultura popular. Aunque entretenida y a menudo aterradora, este tipo de demonología, generalmente tiene muy poco que ver con el verdadero estudio teológico de los demonios.

1

## La Angelología

Primero hablaremos de la Angelología, sobre todo los orígenes de esta, los ángeles más importantes y algunas características ya que de ahí podemos partir a hablar sobre la contraparte de estos seres, los demonios.

La Angelología es una disciplina teológica, mitológica e histórica que se basa en textos religiosos antiguos, obras de arte y observaciones contemporáneas acerca de los ángeles y su papel en el mundo visible e invisible.

No se sabe con exactitud cuándo comenzaron las menciones de los ángeles en los textos religiosos del mundo, pero las figuras de seres alados que sirven la función de ser mensajeros de los dioses aparecen en las religiones más antiguas de la humanidad.

Textos milenarios como los de los hebreos, los sumerios, los egipcios, los persas y los hindúes mencionan seres similares a los ángeles.

Lo que sí sabemos es que la Biblia hebrea es la base de la angelología. Tanto la angelología cristiana como la de la Nueva Era parten de este texto en su concepción de los ángeles. En la Biblia hebrea o Torah, un malakh (plural Malakhim) es un ángel mensajero que aparece también repetidamente en la literatura rabínica y la liturgia judía tradicional. Mal'akh además quiere decir ángel en el lenguaje hebreo moderno.

La angelología hebrea se estudia dividiéndola en tres períodos: el período bíblico, el talmúdico y midrásico, y el medieval.

- En el período bíblico, el estudio de los ángeles se basa en las menciones de éstos en la Torah.
- El período talmúdico y midrásico incorpora la interpretación de los rabinos a los eventos bíblicos.
- En el período medieval, surgen la cábala española y la angelología mística. Mientras que en el Talmud los ángeles son instrumentos de Dios, para los angelólogos cabalistas los ángeles podían ser llamados por sus nombres y servían al ser humano.

## La Angelología Cristiana

Es la parte de la teología sistemática que estudia lo que el cristianismo considera que son las características, oficios y alcances de los ángeles. Según el cristianismo, los ángeles son seres espirituales creados por Dios y se establece la diferencia entre ángeles buenos y ángeles malvados o demonios, servidores de Satanás, pues decidieron seguir a Lucifer en su caída tras rebelarse.

Aunque la Biblia menciona repetidas veces la actividad de ángeles y demonios, no explica lo que son. Solo se asume su existencia y actividad.

En diversas culturas se adoraban ángeles, se comenzó a creer que eran mensajeros entre Dios y los hombres desde que estos vivían en las cavernas. Luego los pueblos asirios y griegos, en paralelo a los ángeles, les añadieron alas a dioses como Hermes o Eros, el dios del amor apasionado; los romanos inventaron a Cupido, dios del amor erótico.

Platón en 347 a. C. habló de ángeles guardianes que nos protegían. En la Tanaj solo se da nombre a dos ángeles: Arcángel Gabriel, que, según se cree, iluminó el entendimiento de Daniel (Daniel 9:21-27), y el arcángel Miguel, considerado protector de Israel (Daniel 12:1). En el Libro deuterocanónico de Tobías aparece el Arcángel Rafael.

Fuera del canon, en el libro de Enoc se dice que los ángeles asistieron a la entrega de la ley mosaica. En el Nuevo Testamento los fariseos creían que los ángeles comunicaban al hombre con la voluntad de Dios (Hechos 23:9), mientras que los saduceos no creían ni en ángeles ni en espíritus (Hechos 23:8). Ireneo de 130 al 195 d. C. mostró jerarquías entre ángeles, Orígenes en el año 182 d. C. creía que, si un ángel puede ser caído, un demonio también puede convertirse. Jerónimo del año 347 a 420 d. C. pensaba que, al nacer, a cada persona se le entregaba un ángel guardián. Dionisio en 500 d. C. dijo que un ángel es imagen de Dios.

Gregorio Magno en los años 540-600 d. C. dijo que los ángeles tenían poder sobre cuerpos celestiales, mientras que Pedro Lombardo del año 1100 al 1160 d. C. pensaba que un ángel podía cuidar a muchas personas.

## La naturaleza de los ángeles según el cristianismo católico

. . .

De acuerdo a la teología sistemática católica, los ángeles no son corpóreos, no tienen cuerpo como el ser humano. Se dice que son espíritus, con juicio moral y alta inteligencia "El que hace los vientos (espíritus, ángeles) sus mensajeros y a las llamas de fuego sus ministros" Salmos 104:4 dice: ¿No son todos espíritus ministradores, enviados para servicio a favor de los que serán herederos de la salvación? La Biblia dice también en Lucas 24:37-39 que Jesús dijo: "Porque un espíritu no tiene ni carne ni hueso, como veis que yo tengo". Según la postura cristiana, esto no significa que no sean criaturas individuales verdaderas, tanto finitas como espaciales. Sin embargo, acorde con esta religión, se encuentran en una relación más libre con el tiempo y el espacio que el hombre. Según se cree, muchos pueden estar presentes al mismo tiempo en un espacio limitado.

Asimismo, el cristianismo sostiene que, si bien ellos no son omnipresentes, cada uno está en un lugar a la vez como menciona la Biblia "Y le preguntó Jesús diciendo: ¿Cómo te llamas? Y él dijo Legión, porque muchos demonios han entrado en él (Lucas 8:30)."

Los ángeles son una compañía y no una raza, creados por Dios todos a la misma vez y no hay propagación entre ellos; no mueren por lo tanto no hay un incremento o decrecimiento en su número. El catolicismo considera y exhorta a sus devotos a que, si bien se permite venerar a los ángeles, solo se debe venerar a los arcángeles Arcángel Miguel Gabriel y Rafael.

## La clasificación de los ángeles

En la Biblia se mencionan otros tipos específicos de seres celestiales. Sea que se tenga una postura que son tipos especiales de ángeles (en un sentido amplio del término), o que la postura sea que son seres celestiales distintos de los ángeles, de todas formas, ambas creencias están de acuerdo que son seres espirituales creados que sirven y adoran a Dios.

### *Serafines*

Son un grupo de seres celestiales, estos se mencionan solo en Isaías 6:2-7, en dónde se afirma que continuamente adoran al Señor y claman el uno al otro: «Santo, santo, santo es el Señor Todopoderoso; toda la tierra está llena de su gloria» (Isaías 6: 3).

Se los representa con tres pares de alas: con dos cubrían sus rostros, con dos cubrían sus pies y con dos volaban. Se cubren para, según se sostiene, protegerse del intenso resplandor que emite Dios.

. . .

## Querubines

Se les representa con cuatro alas y su nombre se traduce como "la plenitud del conocimiento", algo que poseen por tener la labor de sostener al Señor en su agudeza intelectual.

A los querubines se les dio la tarea de guardar la entrada del huerto del Edén (Génesis 3:24), y frecuentemente se dice que Dios mismo tiene su trono entre querubines, o que viaja montado en querubines (Salmo 18: 10; Ezequiel 10: 1-22). El Génesis también menciona que sobre el arca del pacto en el Antiguo Testamento había dos figuras de oro de querubines con alas extendidas sobre el arca, y según se cree allí Dios prometió ir a morar entre su pueblo: «Yo me reuniré allí contigo en medio de los dos querubines que están sobre el arca del pacto. Desde la parte superior del propiciatorio te daré todas las instrucciones que habrás de comunicarles a los israelitas» (Éxodo 25: 22; vv. 18-21)

Los querubines son mencionados en Génesis 3:24 y Ezequiel 10:17–21.

El libro del Génesis menciona que Dios expulsó a Adán y Eva y puso al oriente del huerto de Edén querubines, y una espada encendida que se revolvía por todos lados, para guardar el camino del árbol de la vida.

### *Tronos*

Ezequiel y el Apocalipsis mencionan a otra clase de seres celestiales conocidos como Tronos alrededor del trono de Dios (Ez 1:5-14). Se los suele retratar con apariencia de león, buey, hombre y águila, según se cree son los representantes más poderosos de varias criaturas de Dios (bestias salvajes, animales domesticados, seres humanos y aves), y, conforme a la Biblia y la teología sistemática, adoran continuamente a Dios: "y día y noche repetían sin cesar: Santo, santo, santo es el Señor Dios Todopoderoso, el que era y qué es y que ha de venir" (Ap. 4:8).

### *Dominaciones*

El segundo grupo parte del ejército de Dios lo conforman las Dominaciones, y pueden aparecer decorados con estrellas, corona o caso y cetro o espada.

### *Virtudes*

. . .

Son los encargados de hacer que los milagros se cumplan. Aparecen vestidos como diáconos y portan una rama de lis. Es común verlos con una espada y el Libro Sagrado. Además, pueden representarse con un tarro de perfume como símbolo de oración, y balanzas, trompetas o rayos simbolizando su papel en el Juicio Final.

### *Potestades*

Su labor es proteger al ser humano. Se cree que ayudan a resolver problemas y situaciones desagradables, y a transmutar lo negativo. A estos ángeles se les adjudican las virtudes de la serenidad, la moderación, el equilibrio, la armonía, la prosperidad, la compasión y la aventura. San Pablo hace mención a estas entidades en su carta a los Efesios, presentando la vida cristiana como una lucha o combate espiritual:

Estos ángeles son considerados como justos que se encuentran en el límite entre lo divino y la tierra, en una zona peligrosa. Pueden lograr el equilibrio mundial gracias a su función de protectores de la humanidad.

### *Principados*

. . .

Ellos conforman el tercer grupo jerárquico y son quienes vigilan el mundo y ejercen de imitadores de Dios al representar el "principio" de todo. Son mencionados en la Epístola a los Efesios 3:10

A los Principados se les encomienda el bautismo de los niños y la unción a los enfermos. También son los garantes de la sagrada comunión puesto que cada vez que una persona realiza un sacrilegio durante este sacramento, ellos ofrecen intensas oraciones para lograr el desagravio.

Los Principados son vistos como seres plenos de belleza con un aura extraordinaria que irradia todo tipo de sentimientos positivos como el amor, la bondad, la comprensión y la justicia.

Se le aprecia como un ser con alas, que se posiciona sobre la tierra y recibe rayos directamente de Dios. Posee un cetro, el Principado recibe todas las energías cósmicas a través del magnetismo.

### *Arcángeles*

. . .

Los arcángeles reciben, usualmente, una tarea de importancia para la humanidad. Por este motivo, conforme a esta religión, no hay diferencias físicas en ángeles y arcángeles, la diferencia radica en el rol asignado por Dios.

La Biblia menciona tres por su nombre: Arcángel Miguel (en el libro de Daniel, Judas y en el Apocalipsis), Arcángel Rafael (en el libro de Tobías) y Gabriel Arcángel (en el libro de Daniel y en el evangelio según San Lucas).

En general, su obra es dar alabanzas y adoración: El principal de los ministerios que tienen los ángeles buenos es aquel de alabar y ofrecer incesante adoración a Dios, porque, conforme a la Biblia, Él es Digno (Isaías 6:3), otras funciones que la iglesia sostiene están el traer la ley de Dios a su pueblo (Hechos 7:53), Ejecutar los juicios de Dios sobre sus enemigos (Hechos 12:23).

Juntar a los elegidos en la segunda venida (Mateo 24:30-31) y asistir en lo que la iglesia afirma será el día del Juicio Final (Mateo 13:49-50).

**Satanás**

. . .

Los ángeles malvados o demonios tienen un "líder", para esta religión es Satanás. La idea de Satanás con cuernos y pezuñas no es bíblica, esta representación data de las antiguas mitologías no cristianas y al arte del medioevo en donde era representado como un monstruo con alas de murciélago y terrible apariencia. También Dante, en La Divina Comedia, representa a Satanás como un monstruo gigante de alas y de tres caras, prisionero en el noveno círculo del infierno.

Pero la Biblia identifica a Satanás como un ángel creado por Dios. Por lo tanto, se puede entender como que fue creado bueno ya que Génesis 1:31 dice que Dios miró su obra era muy buena. Pero, en Génesis 3:1-5 se lee que Satanás tienta a Eva a través de una serpiente. Haciendo una reflexión del texto bíblico, se puede inferir que en algún punto entre Génesis 1:31 y 3:1-5 Satanás se pervirtió y se rebeló contra Dios.

Las escrituras no indican explícitamente ni cuándo ni por qué Satanás se rebela, pero hay un pasaje en Isaías 14 en el que el profeta describe la caída del rey de Babilonia y que se suele interpretar como un paralelismo del momento y el motivo por el cual Satanás se rebela.

Haciendo una interpretación bíblica se puede inferir que Satanás es el padre de la maldad. Existen dos pasajes que enseñan sobre su destino: Apocalipsis 12 y 20. En Apocalipsis 12, a pesar de haber sido expulsado del cielo, se aprecia que no ha perdido acceso a él. En un tiempo futuro se indica que Satanás perderá definitivamente el acceso al cielo.

En cambio, Apocalipsis 20 hace referencia a un tiempo en donde Satanás ya no podrá engañar a las naciones y será atado. "Pues ustedes son hijos de su padre, el diablo, y les encanta hacer las cosas malvadas que él hace. Satanás ha sido asesino desde el principio y siempre ha odiado la verdad, porque en él no hay verdad.

Se afirma que cuando miente, actúa de acuerdo con su naturaleza porque según lo expresa la Biblia "es mentiroso y el padre de la mentira." Juan 8:44.

Durante el milenio, Apocalipsis 20:1-3 menciona que la actividad de Satanás y los demonios estará restringida, se puede apreciar que su actuación estará más restringida de la que vemos hoy. Se describe como privado completamente de toda capacidad para influir en la tierra. De acuerdo a la escatología católica, al final del milenio, en el juicio final, quedará definitivamente derrotado, completandose el castigo para él y sus demonios, Apocalipsis 20:10.

. . .

## *Los ángeles caídos*

El cristianismo sostiene que un ángel caído es aquel que ha sido expulsado del cielo por desobedecer o rebelarse contra Dios, algunas personas creen que también se les arrancan las alas.

La fuente principal en la cual existe un relato en torno a los ángeles caídos es el libro de Enoc, una antigua obra religiosa judía, atribuida por tradición a Enoc, bisabuelo de Noé que contiene material único sobre el origen de los demonios y de los gigantes. El libro forma parte del Canon de la iglesia ortodoxa etíope, no reconocido como canónico por las demás iglesias cristianas.

Algunos estudios han estimado que las secciones más antiguas del Libro de Enoc, principalmente el "Libro de los Vigilantes", datan de alrededor del año 300 a. C., y la última parte, el "Libro de las Parábolas", del siglo I a. C.

A través de algunas lecturas e interpretaciones de pasajes de Isaías 14:12-15 y Ezequiel 28:12-19, hay quienes entienden la razón y el motivo por el cual cayó Lucifer. Por otra parte, como ya se mencionó, se encontró en el libro de Enoc la razón por la que lo hizo un grupo de ellos. Según se cree los Grigori o vigilantes Grigori, son conocidos como hijos de Elohim, un grupo asociado a un tipo de sabiduría diferente, mencionados en algunos textos apócrifos judíos. Estos, según la iglesia católica, también se enamoraron de las hijas de los hombres y tras hacer un pacto con ellos también se casaron y engendraron hijos con ellas. La teología sistemática sostiene que algunos ángeles cayeron por lujuria para mezclarse con las hijas de los hombres, mientras que otros, según esta teología, cayeron por enseñar a los hombres el arte de la guerra y de la creación de las armas, por mostrar otra serie de conocimiento que creó el desequilibrio y violencia entre los hombres.

Esto es solo una introducción a lo que seguirás leyendo a lo largo del libro.

En capítulos más adelante explicaremos más sobre los demonios, cómo los vemos hoy en día en una cultura contemporánea, la manera en la que los han representado, todo lo que en realidad estudia la Demonología, al igual que podremos leer sobre las posesiones demoníacas, entre otras cosas.

2

## La Cultura Popular Demonológica

Muchos programas de televisión que han sido famosos en muchas partes del mundo tales como "Super natural", "El Vampiro Cazador", "Siendo Humano" y "Constantine" le han dado a toda una generación un vocabulario paranormal y demoniaco.

Los programas de telerrealidad como Los Cazafantasmas suelen presentar "cazadores de demonios" como John Zaffis y Ed y Lorraine Warren de las famosas películas de suspenso y terror que hemos visto, que afirman superponer los "hechos" a la ficción. Zaffis marcó su propio espectáculo, Haunted Collector, y los Warren se hicieron famosos por su participación en el caso Amityville Horror.

. . .

Pero, ¿cómo sirve esta combinación de entretenimiento y teología a la percepción popular de la demonología? A menudo, lo hacen de muy mala manera.

Uno de los personajes más queridos de la serie Buffy era un demonio del "Clan Deathwok" de piel verde con cuernos rojos llamado Lorne. Tenía más en común con un cantante de salón al estilo de Frank Sinatra que con una criatura sedienta de sangre de otro reino y sin credibilidad en términos de la tradición demoníaca establecida. Lorne es una creación ficticia encantadora, pero no tiene ninguna base de hecho. Por otro lado, Moloch, el demonio malo que plagó a los "testigos" de Ichabod Crane y Abigail Mills en la primera temporada de una serie de televisión estadounidense llamada Sleepy Hollow tiene la bondad demoníaca adecuada.

Se habla de Moloch en la Biblia, así como en El Paraíso Perdido de Milton. Asociados durante mucho tiempo con el sacrificio de niños, los escritores de la serie convirtieron al agente principal de Moloch en el hijo descontento y lleno de cicatrices de Crane y su esposa bruja, Katrina. Si bien se le otorgó un "mashup" de la Leyenda original de Sleepy Hollow de Washington Irving y la literatura religiosa esotérica, el resultado es mucho más encomiable que la mayoría de esos intentos.

. . .

## Demonología

En 2014, una cadena de televisión hizo una entrada demoníaca en su alineación del viernes por la noche con Constantine, una adaptación centrada en un personaje de DC Comic Hellblazer. En la serie, el exorcista y cazador de demonios John Constantine protege a los inocentes y lucha contra las fuerzas de la oscuridad en una incómoda alianza con un ángel llamado Manny. Keanu Reeves interpretó al mismo cazador de demonios en una adaptación cinematográfica de 2005 también llamada Constantine.

En una reseña de ese trabajo publicada en el en uno de los periódicos más importantes de Estados Unidos enfocado en el cine, Jeffry Mallinson, decano de la Facultad de Teología de la Universidad de Colorado, escribió:

Los miembros de la audiencia con cualquier trasfondo teológico o bíblico tendrán dificultades para suspender intencionalmente la incredulidad. Gran parte de la trama depende de una caricatura de la teología católica romana donde uno está condenado por un tecnicismo o redimido a través de una laguna. Todo esto ocurre sin la sátira de Dogma. Particularmente distractores son los momentos cuando el Apocalípsis de Juan se llama "Revelaciones", y cuando una profecía esotérica se encuentra en un capítulo perdido de 1 Corintios. El texto imaginado habría sido más plausible como un manuscrito gnóstico o copia secreta de "Revelaciones".

. . .

Esto puede parecer hipercrítico, pero tales distracciones obstaculizan la creación de un mundo de fantasía plausible.

Dogma, con Ben Affleck y Matt Damon, se resume en una página dedicada a la crítica de películas de esta manera: "Se le llama a un trabajador de una clínica de aborto con una herencia especial para salvar la existencia de la humanidad de ser negada por dos ángeles renegados que intentan explotar una laguna y volver a entrar al cielo.

Si bien podría, de hecho, parecer hipercrítico hacer una excepción con la referencia incorrecta al Libro de Apocalipsis en plural, el punto más importante es la facilidad con la que las Escrituras y los textos esotéricos pueden usarse como dispositivos de trama sin temor a un público en general exigente. sutilezas. Al "hombre de la calle" le resultaría difícil pronunciarlo y mucho más difícil identificar correctamente el origen de un manuscrito gnóstico.

Un dato importante es que el Gnosticismo fue un movimiento herético del cristianismo del siglo II que enseñó la creencia en el demiurgo, un ser divino menor que gobernaba la tierra, mientras que Cristo era visto como el emisario de un ser más remoto y supremo.

En esta escuela de pensamiento, la salvación o la redención dependían del logro del conocimiento esotérico o "gnosis".

Estos mismos "hombres de la calle", que dejarían en blanco el gnosticismo, sin duda podrían identificar "666" como la marca del anticristo, ofrecer al menos una historia paranormal sobre un embrujo y probablemente afirmar la presencia de adoradores satánicos entre nosotros. No importa el hecho de que los satanistas en la tradición de Anton LaVey, no adoren al diablo cristiano ni están interesados en ser las contrapartes malvadas de las iglesias cristianas.

Los seguidores de LaVey son, sin embargo, ateos y materialistas. Para ellos, Satanás y los demonios son símbolos psicológicos y representaciones de la naturaleza vital de la humanidad. A diferencia de los adolescentes que pintan con aerosol cruces invertidas y encienden velas negras, los satanistas rara vez realizan rituales.

Se acercan a la vida desde una percepción escéptica y abrazan una devoción desenfrenada por los placeres sensuales de todo tipo, desde la buena comida hasta el placer sexual.

. . .

Te puedes sentir libre de mezclar cualquier otra cosa que desees en esta concepción de "conocimiento común" de Satanás, los demonios y el mal. Pocas de las asociaciones realmente se mantienen unidas en una interpretación fáctica, pero encajan perfectamente en un filtro religioso fundamentalista que postula una batalla cósmica entre el bien supremo, Dios, y el mal supremo, Satanás. Sin embargo, este punto de vista ha evolucionado a lo largo de muchos siglos de debate sobre lo que realmente constituye el bien y el mal.

Antes de continuar, quiero decir que me contento con que el lector determine, de acuerdo con su propia estructura de creencias, el papel del mal en este mundo. Puede ver a los demonios como una metáfora de las luchas internas con las que todos nos enfrentamos y que han figurado mucho en el pensamiento y la literatura occidentales.

Puedes ver demonios como agentes activos de Satanás en la tierra.

Para los propósitos de este texto, los demonios se presentarán, teológicamente, como criaturas al servicio de Satanás. Desde este punto de vista, su función es subvertir la relación del hombre con Dios mediante el engaño y la posesión potencial.

El punto primordial de este texto, sin embargo, es separar los "hechos" de la "ficción" y des-sensacionalizar la visión popular de "conocimiento común" de los demonios que no hace más que avivar las llamas de los temores religiosos y espirituales.

## 3

## El papel evolutivo de Satanás

SE HAN escrito muchos libros impresionantes sobre el papel evolutivo de Satanás en la interpretación teológica.

Si bien reconozco que puedo estar bajando por una pendiente resbaladiza, quiero ofrecer al menos un resumen conceptual del papel evolutivo de Satanás tal como nos ha llegado en el pensamiento religioso occidental. Dado que todos los demonios le sirven, él es el último chico malo de esta historia.

Cualquiera que esté familiarizado con el relato bíblico de la vida de Cristo sabe que se fue al desierto antes de comenzar su ministerio público. Esto se registra tanto en los Evangelios de Mateo y Lucas. Jesús pasó cuarenta días y cuarenta noches en el desierto luchando con Satanás.

Para comprender completamente cómo se desarrolló

la teología cristiana para acomodar los conceptos gemelos del bien y el mal como polos opuestos encerrados en una lucha cósmica, debemos dar un paso atrás mitológicamente de la pregunta por un momento.

Crear una figura como Satanás que es la encarnación del mal es un intento de explicar las fuerzas del caos y la confusión sobre las cuales las personas ejercen muy poco poder práctico.

Es un error asumir que la palabra "mitología" significa algo que no es cierto. Un mito es una historia instructiva. Tomada en esta definición literal, la escritura es un mito.

Eso no significa que no sea cierto, ya que se guarda en el corazón de los fieles. Sin embargo, otras culturas tienen su propia mitología, y esas historias ofrecen corolarios interesantes a la creencia cristiana occidental estándar.

4

## La historia de Seth

En la mitología egipcia, por ejemplo, encontramos un "diablo" increíblemente polivalente en la figura del dios Seth. Se creía que era responsable de una impresionante variedad de caos y confusión. Él era el gobernante del desierto y de tierras extranjeras, de tormentas y mares turbulentos.

Sus poderes se asociaron con catástrofes naturales, incluidos terremotos. Fue visto como lo opuesto a todas las cualidades de afirmación de la vida de su hermano Osiris. En cambio, Seth significaba oscuridad y desorden.

Seth asesinó a su hermano Osiris, cortó su cuerpo y esparció los pedazos por todo Egipto para que Osiris no pudiera ganar la inmortalidad en la otra vida.

La esposa de Osiris, Isis, reunió los pedazos esparcidos

y los reunió, ayudando a Osiris a asegurar la vida eterna y convertirse en el rey del inframundo.

Horus, el hijo de Osiris, exilió a Seth al desierto por la eternidad por su crimen. Claramente, hay similitudes con esta historia y con la de Caín y Abel en la Biblia cristiana.

No comparto este mito egipcio para sugerir a los cristianos que el relato de los eventos en su libro sagrado es incorrecto. En cambio, esta es una ilustración de una sociedad diferente que intenta llegar a un acuerdo con la dualidad del bien y el mal. Este es un tema tan antiguo como el hombre mismo, y que continúa capturando nuestra imaginación y nos coloca en los cuernos de los dilemas morales sociales y personales.

Para comprender la evolución de Satanás como lo conocen los cristianos hoy en día, también es importante darse cuenta de que la Biblia hebrea es mucho menos monoteísta que el Nuevo Testamento cristiano.

## 5

## Ángeles en la Biblia Hebrea

Antes de la aparición de Satanás en la Biblia hebrea, el texto presenta a los lectores a los ángeles. Estos son seres celestiales a los que se hace referencia en hebreo como los mal'akim o mensajeros.

Por ejemplo, fue un mal'ak lo que guió a Moisés a la Tierra Prometida.

Estos mensajeros pueden entregar la palabra de Dios a un profeta, asignar una tarea especial a una persona elegida, anunciar un nacimiento significativo, guiar a una persona hacia el camino correcto, ofrecer consuelo o administrar un castigo.

. . .

Sin embargo, no todos estos mensajeros se comportaron de manera apropiada, o no tendríamos la historia de los hijos de Dios que sedujeron a mujeres humanas que llevaron al nacimiento de la raza de gigantes llamados Nephilim.

Básicamente, los hebreos hicieron arreglos para ángeles buenos y malos. La idea plenamente formada de los demonios sólo se desarrolla más tarde en la tradición de la fe cristiana. Sin embargo, esto no quiere decir que no se mencionan demonios en la Biblia hebrea, aunque las referencias son problemáticas a la luz de la creencia que los cristianos mantienen hoy.

El término "Biblia hebrea" se refiere a la colección de textos judíos que se utilizan como fuentes canónicas del Antiguo Testamento cristiano. La mayoría están en hebreo bíblico con algo de arameo bíblico. El contenido no es la fuente de las porciones canónicas del Antiguo Testamento católico romano. "Biblia hebrea" está destinada a ser un término académico neutral sin implicación de tradición interpretativa.

A modo de comparación, los 46 libros del Antiguo Testamento católico son:

. . .

Génesis, Éxodo, Levítico, Números, 2 Samuel, 1 Reyes, 2 Reyes, 1 Crónicas, 2 Crónicas, Esdras, Nehemías, Tobit, Judit, Ester, 1 Macabeos, 2 Macabeos, Job, Salmos, Proverbios, Eclesiastés, Cantar de los Cantares, Sabiduría, Eclesiástico, Isaías, Jeremías, Lamentaciones, Baruc, Ezequiel, Daniel, Oseas, Joel, Amós, Abdías, Jonás, Miqueas, Nahum, Habacuc, Sofonías, Hageo, Zacarías, Malaquías Deuteronomio, Josué, Jueces, Rut, 1 Samuel.

En el Antiguo Testamento cristiano, los 39 libros son:

Génesis, Éxodo, Levítico, Números, Deuteronomio, Josué, Jueces, Rut, 1 Samuel, 2 Samuel, 1 Reyes, 2 Reyes, 1 Crónicas, 2 Crónicas, Esdras, Nehemías, Ester, Job, Salmos, Proverbios, Eclesiastés, Cantar de los Cantares, Isaías, Jeremías, Lamentaciones, Ezequiel, Daniel, Oseas, Joel, Amós, Abdías, Jonás, Miqueas, Nahum, Habacuc, Sofonías, Hageo, Zacarías, Malaquías.

Cuando se utilicen en este libro los nombres de otros textos antiguos, intentaré identificarlos individualmente.

En Levítico, hay referencias a un demonio llamado Azazel. En el texto parecería que Aarón sacrifica una cabra a Yahvé y otra al demonio.

. . .

La versión King James de la Biblia evita esto diciendo que Azazel es un nombre de lugar, pero está bastante claro en la literatura judía que Azazel es el nombre de un demonio.

Se le atribuye haber enseñado a los humanos a hacer cuchillos, espadas y escudos. En el Libro de Enoc, un antiguo texto judío pero no un libro canónico de la Biblia, Azazel revela los secretos internos del cielo y le enseña al hombre todas las formas de opresión sobre la tierra. Azazel también se transforma en la serpiente que tienta a Adán y Eva en el jardín.

Otro demonio de la literatura judía antigua es Lilith, quien en la tradición posterior es considerada la primera esposa de Adán. Se la encuentra en compañía de animales inmundos y está aliada con la cabeza de los ángeles caídos, su esposo Sammael.

Lilith trabaja activamente por la expulsión de Adán y Eva del jardín y, en algunas tradiciones, es la sirvienta responsable de la historia de la tentación en Génesis. Después de la expulsión, Lilith continúa atacando a la humanidad y, en general, se la considera responsable cuando mueren niños pequeños.

. . .

El texto hebreo, particularmente en el libro de Isaías, deja en claro que Dios es responsable tanto del bien como del mal. Satanás, por otro lado, es parte del consejo de Dios. Él es el Acusador, que sirve a pedido de Dios.

La mejor ilustración de este papel se encuentra en el Libro de Job. Básicamente, Dios arroja a Job debajo del autobús para ponerlo a prueba. Visto desde esta perspectiva, la historia es la historia de Dios y Satanás trabajando juntos para poner a Job y su fe bajo el microscopio.

**La personificación de Satanás**

No es el propósito de este texto explorar completamente la teología hebrea. Si lo fuera, quedaría cada vez más claro que Satanás es una figura ambigua al igual que su papel en el consejo de Dios. Por las que parece que Satanás es un siervo obediente de Dios, que envía el mal y la desgracia a los infieles y fieles.

No hay ninguna imagen familiar del cristianismo moderno que muestra a Satanás como el gobernante supremo del infierno, sentado a la cabeza de un ejército de demonios con el propósito de librar la guerra contra Dios y la humanidad.

Entender la personificación familiar de Satanás

requiere mirar el período entre el tiempo en que se compuso la última de las Escrituras hebreas y el comienzo de la vida de Cristo. Por lo general, se considera que tiene una duración de 300 años. Durante este tiempo, Satanás, como lo conocemos, entró en lo suyo.

Estos 300 años se conocen como el cautiverio babilónico.

Comienzan con la caída de Jerusalén en el 586 a. C. ante los babilonios, seguida del exilio de los hebreos por toda la región. Durante este exilio, el pueblo hebreo entró en contacto con las prácticas religiosas persas y zoroastristas.

La evolución de la expresión literaria judía posteriormente transformó ángeles de "mensajeros" en distintos seres celestiales con personalidades y nombres de pila.

Los escritores religiosos comenzaron a imaginar un mundo celestial mucho más elaborado.

La dicotomía absoluta entre el bien y el mal comenzó a tomar forma. La palabra demonio asumió una connotación negativa cada vez mayor para los judíos.

Se consideraba que estas criaturas estaban aliadas con un archienemigo que se oponía al Dios verdadero. Su función era tentar a los humanos para que se apartaran de su fe. Los demonios se destacaron en tentar a la humanidad y en promulgar falsas doctrinas.

Así, tanto la fe judía como la cristiana desarrollaron un concepto funcional de guerra espiritual. Sin embargo, se esperaba que el conflicto llegara a una resolución en el Día del Juicio cuando el mal cayó ante el poder del bien supremo. Hasta que eso suceda, los demonios específicos son libres de causar estragos a través de la propagación de la desgracia, el cultivo del pecado y la explotación de los defectos de la humanidad.

## 6

### ¿Qué son los demonios según la Biblia?

La interpretación bíblica es que los demonios son los ángeles caídos exiliados del cielo con Satanás como se describe en Apocalipsis 12: 9:

"Y fue lanzado fuera el gran dragón, la serpiente antigua, que se llama diablo y Satanás, que engaña al mundo entero: fue arrojado a la tierra, y sus ángeles fueron arrojados con él."

Se cree que alrededor de un tercio de los ángeles se fueron con Satanás. En Job 28: 4-7, aprendemos que los ángeles fueron creados antes de la tierra y que Satanás cayó de la gracia antes de que Dios tentara a Adán y Eva en el Jardín del Edén como se describe en Génesis 3: 1-14.

. . .

La caída de Satanás también se describe en Isaías 14: 12-15, que es una de las versiones más poéticas de la historia:

(12) ¡Cómo caíste del cielo, oh Lucero, hijo de la mañana! como el arte derribaste la tierra, lo que debilitó a las naciones.

(13) Porque has dicho en tu corazón: Subiré a los cielos, exaltaré mi trono sobre las estrellas de Dios; también me sentaré sobre el monte de la reunión, al lado del norte.

(14) Subiré por encima de las alturas de las nubes; Seré como el Altísimo.

(15) Sin embargo, serás derribado al infierno, a los lados del pozo. (KJV)


En el Libro de Judas 1: 6-7, los pecados de los ángeles se comparan con los pecados de Sodoma y Gomorra, en particular, la búsqueda de deseos antinaturales.


Génesis 6: 1-4 toca esto:

(1) Y sucedió que cuando los hombres comenzaron a multiplicarse sobre la faz de la tierra, y les nacieron hijas,

(2) Que los hijos de Dios vieron a las hijas de los hombres que eran hermosas; y tomaron para ellos mujeres de entre todas las que eligieron.

(3) Y el Señor dijo: Mi espíritu no siempre contenderá con el hombre, porque él también es carne; sin embargo, sus días serán ciento veinte años.

(4) Había gigantes en la tierra en aquellos días; y

también después de eso, cuando los hijos de Dios vinieron a las hijas de los hombres, y les engendraron hijos, éstos se convirtieron en valientes que desde la antigüedad fueron varones de renombre.

Estos "gigantes", también llamados "los caídos" son los "Nephilim". Su historia es la precursora del Gran Diluvio y el Arca de Noé.

Los demonios están empeñados en usar el engaño para eludir la relación entre Dios y el hombre. Si ese engaño consiste simplemente en poner en duda la mente de los hombres o en intervenir realmente en la vida de los hombres a través de la posesión y otros actos malvados es un tema de debate. La Biblia dice que los demonios pueden tomar forma humana:

Y no es de extrañar porque el mismo Satanás se disfraza de ángel de luz. No es de extrañar, entonces, que sus siervos también se hagan pasar por siervos de la justicia. Su fin será lo que sus acciones merecen. - 2 Corintios 11: 14-15

En otras partes del Nuevo Testamento, se hace referencia a los demonios como "inmundos" y "espíritus malignos". Se dice que luchan contra los ángeles y atacan a los cristianos.

. . .

Los demonios se caracterizan por ser poderosos, enemigos tanto de Dios como de la humanidad, pero curiosamente se describen como enemigos que han sido derrotados. Satanás es percibido como el "príncipe del mundo", pero no está representado de cualquier manera como más poderoso o incluso igual a Dios.

Hoy en día, tal interpretación representa una rama más fundamentalista del cristianismo, e incluso se puede encontrar en algunas demonologías satanistas que invierten el equilibrio de poder y tratan de hacer de Jesús un símbolo de debilidad y derrota.

Tradicionalmente, el bien y el mal no son adversarios iguales en el pensamiento cristiano. Satanás y sus demonios solo son libres de hacer sus trucos en tierra hasta el día del juicio. No hay opción para ninguna victoria demoníaca cuando Cristo regrese. Satanás es un ángel rebelde que dirige espíritus rebeldes en la tierra.

# 7

## ¿Qué pasa con la posesión demoníaca?

No HAY declaraciones explícitas en la Biblia sobre la posesión de creyentes. En Mateo 8:28, las escrituras dicen que Jesús se encontró con dos hombres poseídos por demonios violentos. Los demonios enfrentaron a Jesús y exigieron saber qué quería de ellos diciendo, en el versículo 29: "¿Has venido aquí para torturarnos antes del tiempo señalado?" Echó a los demonios en una piara de cerdos.

La historia encaja con la idea de que los demonios son libres de atormentar a los hombres hasta el Día del Juicio y debemos asumir que los dos hombres en cuestión no eran creyentes en Cristo, ya que nunca lo habían conocido. Por tanto, la respuesta a la cuestión de la posesión demoníaca debe tomarse en ese contexto.

. . .

Cuando el Nuevo Testamento habla de la guerra espiritual, se advierte a los creyentes que resistan a Satanás, no que lo expulsen. Por tanto, la creencia es fundamental para la protección. También es importante hacer una distinción entre estar poseído por un demonio y ser oprimido por uno.

## ¿Qué pasa con la preocupación actual sobre lo paranormal?

Lo paranormal está en todas partes. A los autores de Indy en uno de los sitios web de compra más importante a nivel mundial, les encanta escribir cualquier tema relacionado con vampiros. Los libros de Crepúsculo volvieron sexys a los vampiros y a los hombres lobo. The Walking Dead llevó a los zombis a la corriente principal, con personas que ni siquiera se dieron cuenta de que los no muertos discutían rabiosamente sobre el destino de sus personajes favoritos.

¿Es todo este interés en fantasmas, criaturas sobrenaturales y similares evidencia de actividad demoníaca en el mundo de hoy?

No hay ninguna referencia en la Biblia a los fantasmas. El espíritu de una persona va al cielo para reunirse con su cuerpo en el momento de la resurrección o el espíritu va al infierno. No hay opción para que una persona fallecida regrese a la tierra con un mensaje.

Solo hay dos referencias en la Biblia a una persona muerta que interactúa con los vivos. En 1 Samuel 28: 6-9, el rey Saúl intenta ponerse en contacto con el profeta Samuel, lo que Dios permite el tiempo suficiente para que Samuel juzgue a Saúl por su desobediencia.

Luego, en Mateo 17: 1-8, Moisés y Elías interactúan con Jesús, pero no se describen como fantasmas.

Los ángeles, sin embargo, se mueven entre los vivos sin ser vistos y tienen interacción con la gente. La posesión demoníaca puede ocurrir entre los no creyentes, y los demonios saben cosas de las que la gente no es consciente. Satanás es identificado como un decisor y el padre de la mentira.

Varios pasajes de la Biblia cristiana hablan en contra de cualquier interacción con elementos sobrenaturales o paranormales:

**Deuteronomio 18: 9-12**

(9) Cuando entres en la tierra que Jehová tu Dios te

da, no aprenderás a obrar conforme a las abominaciones de aquellas naciones.

(10) No se hallará entre vosotros quien se haga pasar a su hijo o a su hija por el fuego, o que use adivinación, o un observador de los tiempos, o un hechicero, o un brujo.

(11) O un encantador, o un consultor con espíritus familiares, o un mago o un nigromante.

(12) Porque todos los que hacen estas cosas son abominación a Jehová; y por estas abominaciones Jehová tu Dios los echará de delante de ti.

**Isaías 8: 19-20**
(19) Y cuando os digan: Buscad a los que tienen espíritus familiares, y a los magos que espían, y que murmuran: ¿no debería un pueblo buscar a su Dios? de los vivos a los muertos?

(20) A la ley y al testimonio: si no hablan conforme a esta palabra, es porque no les ha amanecido.

**Gálatas 5: 19-21**
(19) Ahora bien, las obras de la carne son manifiestas, que son estas; Adulterio, fornicación, inmundicia, lascivia,

(20) Idolatría, brujería, odio, varianza, emulaciones, ira, conflictos, sediciones, herejías

(21) Envidias, asesinatos, borracheras, revelaciones, y cosas semejantes: de las que os digo antes, como también

os he dicho en el pasado, que los que hacen tales cosas no heredarán el reino de Dios.

**Apocalipsis 21: 8**

(8) Pero los temerosos e incrédulos, y los abominables y asesinos, y los fornicarios, hechiceros, idólatras y todos los mentirosos tendrán su parte en el lago que arde con fuego y azufre, que es la muerte segunda.

La única forma de ser liberado del poder de Satanás es mediante la salvación obtenida al creer en el evangelio de Jesucristo. Ningún otro intento de liberarse de la actividad demoníaca funcionará sin esa creencia.

En el mejor de los casos, la actividad paranormal es solo el trabajo de charlatanes que explotan los miedos humanos para lucrar o entretener. En el peor de los casos, de acuerdo con la doctrina cristiana y la interpretación bíblica, tales eventos son obra de demonios que buscan ocultar su naturaleza con el propósito de engañar y confundir.

La Biblia no niega la existencia de un mundo espiritual, pero sí dice que intentar contactar a los muertos en nombre de los vivos es un esfuerzo tonto e infructuoso.

## 8

## Considerando la posesión demoníaca

AHORA QUE HEMOS EXAMINADO LAS "REGLAS" de la demonología cristiana, debemos pasar al tema de la creencia tanto en un sentido secular como espiritual. Está muy bien decir que los creyentes en Cristo no pueden ser poseídos por demonios, pero de los muchos estados mentales de la humanidad que podrían ser manipulados por espíritus malignos, la creencia fuerte ciertamente encabeza la lista. Echemos un vistazo a un ejemplo completamente benigno.

Cuando una conocida mía se dirigía a una gran tienda "club" al por mayor especializada en artículos a granel, me preguntó si había algo que me gustaría.

Como estaba planeando preparar un lote de conservas con la fruta de mi pequeño huerto, le pedí que me consiguiera un saco de 20 libras de azúcar. En un par de horas pasó por mi casa y metió la bolsa en el piso de la cocina.

Más tarde esa noche, fui a mover el saco y lo encontré increíblemente pesado. Fue entonces cuando me di cuenta de que mi amigo había comprado 50 libras de azúcar. ¡La llamé para preguntarle qué había estado pensando! Completamente confundida, dijo: "Pero sé que pesaba 20 libras". Le respondí: "Bueno, estoy mirando el saco y dice 50 libras".

Su defensa fue que era incapaz de levantar 50 libras y llevar el peso desde el coche hasta mi casa y todo el camino hasta la cocina. ¿Cómo lo hizo? Porque en su mente, estaba cargando 20 libras. Ese es el poder de la fe.

Podría decirse que la creencia en los demonios y su capacidad para poseer seres humanos puede ser todo lo que se necesita para abrir la puerta a tal posesión.

Para seguir esta línea de pensamiento, consideremos algunos casos bien documentados de posesión demoníaca.

## Posesión en la Nueva Inglaterra Colonial

. . .

Demonología

Un ministro puritano de la colonia de la bahía de Massachusetts, Samuel Willard, registró la posesión de una tal Elizabeth Knapp, del 30 de octubre de 1671 al 12 de enero de 1672. Willard intercambió cartas con el conocido predicador puritano Cotton Mather, quien posteriormente publicó un relato de la posesión.

En ese momento, Elizabeth, la hija de un granjero, tenía 16 años. Trabajaba como sirvienta en la casa de Willard. El incidente tiene un parecido sorprendente con los registrados en Salem, Massachusetts, 20 años después, conocido como los Juicios de Brujas de Salem.

La posesión de Elizabeth Knapp tuvo lugar en Groton, Massachusetts, a unas 32 millas al noroeste de Boston. La ciudad estaba impregnada de una atmósfera religiosa abrumadora y estricta. Willard era conocido por pronunciar sermones que advertían a los jóvenes locales que tuvieran cuidado con las obras del diablo.

Cuando Elizabeth comenzó a exhibir episodios violentos, Willard hizo que un médico la examinara.

No se encontró ninguna explicación para su comportamiento, que Willard meticulosamente documentó.

Primero comenzó a quejarse de dolor, agarrando partes de su cuerpo y gritando.

Dijo que se sentía como si la estuvieran estrangulando, pero que también se pondría histérica. Esto podría tomar la forma de . risa incontrolable, llanto o gritos. Ella comenzó a experimentar alucinaciones, diciendo que vio a dos personas que caminaban a su alrededor.

Elizabeth afirmó que un hombre flotaba alrededor de su cama. Con frecuencia estallaba en ataques nocturnos, cayendo en convulsiones en el suelo. Ella también trató de arrojarse al fuego. A veces, se necesitaban cuatro personas para sujetarla.

El 2 de noviembre de 1671, Elizabeth le confesó a Willard que se encontró con el diablo durante un período de tres años, durante el cual él le prometió que permanecerá por siempre joven, tendría una vida fácil, vería el mundo y poseería riquezas. Ella afirma haber firmado un pacto de sangre en un libro firmado por otras mujeres también.

Durante el resto de noviembre y hasta diciembre, Elizabeth continuó teniendo ataques violentos durante los cuales emitía sonidos de animales y hablaba con una voz extraña y profunda. También durante este tiempo, afirmó tener visiones del diablo. En la noche del 28 de noviembre se inició uno de estos episodios y se prolongó durante 48 horas, llevando a la niña a un estado catatónico que se prolongó hasta el 8 de diciembre.

Willard hizo su última entrada en el diario el 15 de enero. No hay registro de lo que le sucedió a Elizabeth Knapp. Willard pasó a pronunciar poderosos sermones en Salem durante los juicios de brujas en 1692, y también es responsable de desacreditar la evidencia contra varias de las mujeres durante el proceso.

Ha habido muchas teorías históricas y psicológicas sobre los eventos que tuvieron lugar en el caso de Elizabeth Knapp y durante los posteriores juicios de brujas de Salem. La estricta atmósfera religiosa de la época a menudo se cita como opresiva mental y físicamente. Los únicos actos de rebelión de que disponían las jóvenes reprimidas eran los que podían expresarse en el lenguaje religioso de la época.

Además, es posible que las jóvenes se hayan rebelado contra su limitado lugar en la sociedad. Aunque la atención fue ciertamente negativa y, en última instancia, muy peligrosa, ser víctimas de la posesión los elevó de lo mundano a un lugar de reconocimiento en la sociedad puritana que de otro modo nunca hubieran alcanzado.

. . .

## ¿El demonio del asesinato?

Michael y Christine Taylor eran una pareja religiosa que vivía en Ossett, Inglaterra. En 1974, mientras asistía a un grupo de oración dirigido por Marie Robinson, Christine acusó a Michael y Marie de tener una aventura. Aunque ambas partes negaron la acusación, Michael comenzó a actuar de manera muy extraña.

Sus acciones, incluida la blasfemia extrema, estaban completamente fuera de lugar.

El extraño comportamiento continuó durante meses, hasta que Michael consultó con un clérigo que optó por realizar un exorcismo que duró más de 24 horas.

Curiosamente, aunque los sacerdotes afirmaron que habían expulsado a 40 demonios de su cuerpo, permitieron que Michael se fuera con el "demonio del asesinato" latente en su alma. El hombre procedió a regresar a su casa, donde mató tanto a su esposa como al perro de la familia.

. . .

Más tarde, las autoridades localizaron a Michael cubierto de sangre vagando por las calles. En su juicio, fue declarado inocente por demencia.

## La verdadera historia del exorcista

El retrato de la actriz Linda Blair de un niño poseído por un demonio en la película de 1974 El Exorcista es tan famoso que ahora es parte de la cultura popular. La historia se basó en un caso real que ocurrió en Cottage City, Maryland a finales de la década de 1940. El niño en cuestión era un niño, más conocido por el seudónimo de Roland Doe.

Según se cuenta la historia, la tía Harriet del niño le presentó una tabla Ouija. Tras su muerte, comenzaron a ocurrir eventos extraños.

Los muebles moviéndose y el sonido de pasos que marchaban se podían escuchar por toda la casa. Los testigos vieron un jarrón levitar, un recipiente con agua bendita se estrelló contra el suelo y una imagen de Cristo temblaba como si lo golpearan por detrás.

. . .

El reverendo Edward Hughes, un sacerdote católico, finalmente intentó un exorcismo, pero resultó herido en el proceso sufriendo una lesión que requirió puntos de sutura. Más tarde, tres sacerdotes jesuitas intentaron un segundo exorcismo. Durante ese evento, las palabras "infierno" y "maldad" parecían estar grabadas en el cuerpo del niño. En total, se realizaron 30 ritos de exorcismo antes de que Roland pudiera llevar una vida normal.

**El exorcismo estadounidense más famoso**

Anna Ecklund nació en 1882. Católica devota, comenzó a mostrar síntomas de posesión demoníaca potencial en 1908 a la edad de 14 años. No podía entrar a una iglesia ni tolerar estar en presencia de ningún objeto sagrado o bendito. También desarrolló una preocupación obsesiva por los actos sexuales que eran depravados y perturbadores.

Este hecho se ha atribuido en gran parte a una supuesta relación incestuosa con su padre, Jacob, aunque no existe evidencia concluyente de este hecho. Cuando Anna tenía 26 años, se creía que estaba completamente bajo el control de un demonio que habitaba su cuerpo.

. . .

Los rumores asociados con el caso insistían en que su tía Mina, que también era la amante de Jacob, era una bruja que practicaba las artes negras. Se pensaba que tanto el padre como la tía estaban lanzando hechizos sobre Anna, lo que impidió que el exorcismo inicial tuviera éxito.

Según las escrituras, si un demonio es expulsado, pero luego vuelve a entrar con éxito en el cuerpo de su víctima, viene con siete demonios adicionales más fuertes que él.

Por lo tanto, cada caso de recuperación es más difícil de resolver.

Veinte años después de que se realizará el primer exorcismo en Anna, se decía que varios demonios fueron expulsados de su cuerpo. El exorcismo de 23 días se realizó en un convento cercano. Durante ese tiempo, Anna levitó, saltó a las paredes en una posición agachada desafiando la gravedad y habló en varios idiomas.

Su cuerpo se alargaba a veces y se hinchaba. Mostró conocimientos ocultos y recitó los pecados cometidos por los presentes durante su infancia. Horribles olores invadieron la habitación, junto con enjambres de mosquitos y moscas. El sacerdote presidente, el padre Theophilus, registró que vio a Lucifer y Beelzebub en la habitación.

. . .

El reverendo Carl escribió:

Luego, también, todo su cuerpo quedó tan horriblemente desfigurado que el contorno regular de su cuerpo desapareció. La cabeza pálida, muerta y demacrada, que a menudo asumía el tamaño de una jarra de agua invertida, se volvió tan roja como brasas incandescentes. Sus ojos sobresalían de sus órbitas, sus labios se hincharon hasta proporciones iguales al tamaño de manos, y su cuerpo delgado y demacrado estaba hinchado a tal tamaño que el pastor y algunas de las Hermanas retrocedieron asustadas, pensando que la mujer lo haría. será despedazado y hecho pedazos. A veces, su región abdominal y sus extremidades se volvían tan duras como el hierro y la piedra. En tales casos, el peso de su cuerpo presionado contra el armazón de la cama de hierro de modo que las varillas de hierro de la cama se doblaban hasta el suelo.

En la mañana del 23 de diciembre de 1928, el exorcismo se consideró un éxito.

Al cabo de un año, todas las monjas que habían estado presentes, traumatizadas por el hecho, solicitaron el traslado a otros conventos. La propia Anna regresó al convento cuatro meses después para hacer una novena de acción de gracias. Durante ese tiempo, le dijo a uno de los sacerdotes que el bendito Señor se le aparecía con frecuencia y la animaba a permanecer fiel.

. . .

## Un caso clásico de 1906

El caso de Clara Germana Cele ocurrió en Natal, Sudáfrica en 1906. Contenía todos los elementos clásicos de una posesión demoníaca reconocida. La chica de 16 años supuestamente tenía la capacidad de hablar en varios idiomas a los que nunca había estado expuesta.

Conocía secretos íntimos sobre personas con las que no conocía. Levitó y mostró una fuerza física antinatural, lanzando personas mucho más grandes que ella.

Estar en presencia de objetos bendecidos fue insoportable para Clara. Su voz adquirió un tono gutural y antinatural que, según los testigos, sonaba como una manada de bestias salvajes.

Cuando se consultó a su sacerdote, él reveló que Clara le confesó que había entrado en un pacto con Satanás, dejándose poseer por un demonio.

Dos sacerdotes llevaron a cabo un exorcismo que duró dos días antes de que pudieran expulsar al espíritu demoníaco del cuerpo del niño.

. . .

## ¿Posesión o enfermedad mental?

En marzo de 2012, el Dr. Richard E Gallagher, profesor asociado de una universidad especializada en medicina en la ciudad de Nueva York, fue contactado por una iglesia local acerca de una mujer que afirmaba estar practicando poderes ocultos.

La mujer, conocida como Julia, entró en trances durante los cuales usó múltiples voces para pronunciar frases de odio cruel. Luego, dijo que no recordaba el evento.

Esto por sí solo no fue suficiente para sugerir que podría estar ocurriendo una posesión.

Sin embargo, cuando Gallagher habló con colegas que consultaban sobre el caso, las mismas voces interrumpieron las conversaciones telefónicas.

Al mismo tiempo, Julia comenzó a exhibir habilidades aparentemente psíquicas. Ella conocía los datos personales de los miembros del personal del hospital y tenía conocimiento de hechos ocurridos en sus hogares que ella no presenció.

. . .

Durante el exorcismo posterior la temperatura de la habitación se volvió insoportable. La mujer hablaba tanto en español como en latín, idiomas que no conocía.

Cuando se le roció con agua bendita, gritó.

Sin embargo, cuando se cambió el agua normal por agua bendita, ella no mostró ninguna reacción. Durante aproximadamente 30 minutos, ella levitó.

El exorcismo fue un fracaso y Julia no fue curada de las extrañas fuerzas que parecían estar actuando sobre ella.

**Los hijos de Latoya Ammon**

Si crees que la posesión demoníaca es algo que solo ocurrió en otra época y época, considera la historia de Latoya Ammons y sus hijos. En enero de 2014 en Indianápolis, Indiana, la madre de tres hijos informó a la policía local que los demonios estaban poseyendo a sus hijos, que entonces tenían 7, 9 y 12 años.

Las autoridades inicialmente se mostraron escépticas. Sin embargo, luego de investigaciones y entrevistas que generaron 800 páginas de documentación oficial, incluso la policía tuvo que admitir que algo inusual y quizás incluso sobrenatural estaba ocurriendo en el hogar.

Los extraños hechos comenzaron en noviembre de 2011. Aunque era pleno invierno, un enjambre de moscas se reunió en la ventana de un porche acompañado de sonidos inusuales. Se vieron figuras de sombras moviéndose por la casa, y aparecieron huellas húmedas en los pisos por los que nadie había caminado.

En marzo de 2012, la madre asustada vio a su hija de 12 años levitar sobre su cama. La niña solo descendió cuando la familia oró por ella.
Posteriormente no recuerda el incidente. El niño de 7 años fue arrojado fuera del baño, arrojado por fuerzas invisibles. Se observó al niño de 9 años caminando hacia atrás por una pared antes de pasar al techo de la habitación.

Al final, las autoridades se llevaron a los niños de su madre bajo sospecha de abuso. Sin embargo, uno de los oficiales investigadores tomó una fotografía de la casa con su iPhone. En una de las ventanas, se ve claramente una silueta blanca que se asemeja a una forma humana.

. . .

## ¿Qué revelan estas historias?

Esta sección comenzó con la historia de una posesión que ocurrió en la Nueva Inglaterra colonial por una buena razón. Los puritanos han recibido algo de mala reputación en los libros de historia. No eran gente adusta e infeliz. Sin embargo, estaban dedicados religiosamente.

Parte de esa dedicación fue un mandato diario hacia la retrospección. Los puritanos se encontraban entre los principales encargados de llevar revistas del mundo.

Escribieron a diario para examinar el estado de sus almas. Psicológicamente, esto sugiere que estaban en un estado de hipervigilancia contra el mal, y especialmente susceptibles a la creencia de que las fuerzas demoníacas trabajaban entre ellos.

Es interesante que la posesión de Elizabeth Knapp y los eventos 20 años después que llevaron a los juicios de brujas de Salem, involucraron a mujeres jóvenes. Destinado a ningún otro destino que a convertirse en esposas y madres, es fácil creer que muchas jóvenes nunca esperaron que sucediera algo emocionante o interesante en sus vidas.

. . .

El hecho de que estas jóvenes vivieran en el siglo XVII no significa que no hayan experimentado la rebelión adolescente. No significa que no se complacieron en escandalizar a sus mayores. Ciertamente, no significa que se salvaron de experimentar sensaciones físicas y emocionales nuevas y aterradoras que afloraron a la superficie cuando sus hormonas adultas comenzaron a aumentar.

Siempre ha existido una asociación entre los demonios, lo erótico y lo prohibido, especialmente en sociedades con elementos religiosos represivos. La historia de Michael y Christine Taylor incluye el potencial del adulterio.

El de Roland Doe presenta un tablero Ouija, sin importar que no haya nada misterioso en el tablero de juego, que se introdujo como juguete en Pittsburgh en 1891.

El anuncio inicial de la primera tabla Ouija decía que proporciona "diversión y recreación ininterrumpidas para todas las clases."

Ahora un accesorio clásico de la película de terror, el tablero Ouija fue el resultado natural de la preocupación por el espiritualismo que caracterizó a los Estados Unidos del siglo XIX.

. . .

## Demonología

El espiritismo ganó un gran número de seguidores durante y después de la Guerra Civil, impulsado por el dolor de las personas que perdieron a sus seres queridos en los combates. Fue una expresión trágica de un deseo insatisfactorio de comunicarse con los muertos.

La tabla Ouija fue concebida como una herramienta para facilitar ese contacto, no como un medio para abrir las puertas del infierno.

En la historia de Anna Eklund, vemos no solo el catolicismo devoto, sino el espectro del incesto y el abuso familiar. Nuevamente, este es probablemente el caso de una mujer joven que psicológicamente no pudo lidiar con lo que estaba ocurriendo en su vida y, por lo tanto, recurrió a una expresión religiosa para liberarse de su dolor.

Tanto Clara Cele como la mujer conocida como Julia pueden haber tenido una enfermedad mental. Latoya Ammon podría haber estado encubriendo las señales de abuso infantil en su casa. Independientemente, hubo testigos en cada uno de estos casos que vieron a los afligidos comportarse de maneras que no podían explicar excepto en términos religiosos que incluían la posibilidad de posesión demoníaca.

. . .

Es posible repasar cada uno de estos casos y muchos más que podrían citarse para encontrar puertas a través de las cuales los demonios podrían haber entrado. Recuerde, que escrituralmente, los demonios existen para frustrar la relación entre los humanos y Dios.

¿Fueron los casos de posesión real o fueron una opresión extrema? Es una distinción difícil de trazar, pero en cada uno de los casos la causa se definió en términos religiosos y espirituales y la solución se buscó en el mismo terreno. Esto plantea la pregunta: ¿hay formas de protegernos de las actividades de las fuerzas demoníacas en el mundo?

# 9

## Los demonólogos más famosos

### BERNARDO RATEGNO **da Como (1450-1513)**

Fue un inquisidor y predicador italiano, perteneciente a la orden de los dominicanos. Perteneció a la Congregación de Lombardía, que representaba el ala observante de la Orden de Predicadores (dominicos). Se le menciona por primera vez en 1474 como lector de sentencias en el Sacro Palacio de Roma. Cinco años más tarde se le registra como miembro del convento de S. Domenico en Bolonia. Posteriormente, fue prior de los conventos de Como (1490), Faenza (1493-1494), Cremona (1501-1502) y de nuevo en Como (1506).

El 20 de mayo de 1505 fue nombrado inquisidor de Como.

Fue el primer inquisidor nombrado sólo para la diócesis de Como; antes de esa fecha esta diócesis constituía un subdistrito dependiente de la sede inquisitorial de Vercelli, que supervisaba también las diócesis de Novara e Ivrea. Ocupó ese cargo hasta su muerte. Llevó a cabo varios juicios contra brujas en Valchiavenna, Berbenno y Ponte in Valtellina a partir de 1506, y escribió un manual de procedimientos inquisitoriales muy utilizado en su época y posteriores.

Murió ciertamente entre 1511 y 1514, pero no se puede fijar la fecha exacta. Dado que el nombramiento de su sucesor no consta en el primer registro del maestro general dominico Tommaso de Vio (que comprende los años 1508-13), parece más probable que muriera en 1513 o quizás incluso a principios de 1514. En cualquier caso, Antonio da Casale era ciertamente inquisidor de Como a finales de 1514/15.

## Martín del Río (1551-1608)

Jesuita e inquisidor, teólogo y humanista, el padre Martín del Río nos sorprende por su erudición y credulidad con respecto a la magia y a sus manifestaciones.

. . .

## Demonología

En un momento en el que la Inquisición española se muestra más cauta respecto a los asuntos relacionados con la brujería, la adivinación, la hechicería, los maleficios, la nigromancia, es decir, todo lo que pueda estar vinculado con el diablo, surge su tratado *Disquisitionum magicarum libri VI* (1599), síntesis y compendio de pensamientos y preocupaciones propios de esta época.

Es un buen conocedor de la literatura latina, griega y hebrea. Al ser un hombre de su tiempo, su inquietud e interés intelectual le hacen fijarse en la magia, a cuyo estudio dedica gran parte de su vida, obteniendo conclusiones un tanto contradictorias y polémicas si se comparan con las de otros autores contemporáneos como Von Spee o Benito Pererio. Para Del Río la magia se encuentra en un momento de difusión, que achaca a la proliferación de herejías que siempre están unidas a actividades mágicas. A partir de ahí redacta un tratado que se puede considerar una enciclopedia mágica. Para algunos autores esta obra resulta ser la máxima representación de la erudición crédula, para otros constituye un compendio de noticias y hechos que, examinados críticamente, pueden terminar con la misma credulidad.

El *Disquisitionum magicarum libri VI* es un manual completo y docto, pero al mismo tiempo extenso y un tanto confuso.

En sus seis libros se recogen documentos antiguos y modernos, junto con textos curiosos e insólitos sobre las supersticiones, los demonios, los maleficios, la adivinación, los remedios lícitos e ilícitos, los procesos, etc.; las opiniones a favor y en contra de la brujería, los conventículos, los viajes diabólicos, etc. Alaba a aquellos tratadistas que con su doctrina han ayudado a alimentar la caza de brujas.

Admirado u odiado, lo cierto es que Martín del Río marca un antes y un después en este tema. Su raíz humanista se evidencia en el caudal de conocimientos que sobre la magia discurre por su cabeza; ideas estas que provocan una lucha interna entre la creencia y la razón de un hombre, a medio camino entre el pensamiento renacentista y el barroco. Su propia mente es un compendio de controversias que solo encuentra coherencia en el filo de entre siglos. A partir del *Disquisitionum magicarum libri VI* los filósofos y teólogos comienzan a plantearse, desde un plano verosímil, el mundo concerniente al demonio con todas sus manifestaciones conocidas. Empieza a producir extrañeza el hecho de que una persona como Del Río pueda creer en supersticiones vanas. Nace una necesidad de enfocar e interpretar la realidad a partir de una base más racional y lógica; e involuntariamente el impulso hacia el cambio es dado por el mismo Martín del Río.

. . .

## Gabriele Amorth (1925-2016)

Gabriele Amorth fue ordenado sacerdote católico en 1954 y se convirtió en exorcista oficial en junio de 1986, bajo la dirección de Candido Amantini. Fue miembro de la Sociedad de San Pablo, la congregación fundada por Santiago Alberione en 1914.

En 1986 hizo su primer exorcismo bajo la tutela del padre Candido Amantini y en octubre de 2000 (según su libro), señaló haber realizado personalmente alrededor de 50 000 exorcismos, que iban desde "unos minutos" a "varias horas" de duración.

En marzo de 2010, afirmó que la cifra aumentó a 70 000.

Gabriele Amorth fundó la Asociación Internacional de Exorcistas en 1990 y fue presidente hasta su retiro a los 75 años de edad, en el año 2000. Fue declarado presidente honorario de por vida de la asociación.

El padre Amorth también formula que el interés y práctica de diversas corrientes ocultistas de los líderes nazis (ocultismo nazi), pudieron haber hecho que estos fueran poseídos. Además, existe la posibilidad de que Adolf

Hitler, así como Josef Stalin fueran influenciados por algún demonio para afectar a millones de personas por el mal.

El religioso también ha criticado las novelas de magos más famosas que han sido escritas pues indica que detrás de esta historia se oculta la firma del rey de la oscuridad, el diablo, ya que en las novelas no existe el concepto retratado de una distinción mágica entre lo blanco y negro, no existe un guía espiritual, ni existen referencias a la religión o la espiritualidad. Considera que esto influencia y acentúa el interés de los jóvenes por las prácticas mágicas y porque la magia es siempre una vuelta al diablo.

Uno de los diarios más famosos en Londres divulgó que la película preferida de Amorth es *El Exorcista*, la cual trata del exorcismo de un demonio en una muchacha joven, historia basada en un exorcismo real realizado en los años 50 en San Luis, Misuri. Al respecto, Amorth piensa que la gente debería verla, para que "miren lo que nosotros hacemos" y ha mencionado que, por supuesto que los efectos son exagerados, pero es un buen filme, y exacto sustancialmente, basado en una notable novela que refleja una historia verdadera.

. . .

Por otra parte, también apareció en una entrevista, donde dijo que nunca lleva a cabo exorcismos en personas que declaran que están poseídos sin estarlo verdaderamente, y que él siempre envía a la gente a consultarse primero con psiquiatras y psicólogos antes de pasar por él. Incluso comentó como anécdota que cuando ve a alguien que no está poseído pero la persona insiste, él responde: "Usted no tiene al diablo. Si tiene un problema, hable con un buen veterinario".

## Ed Warren (1926-2006)

Fue un demonólogo estadounidense que, junto a su esposa Lorraine, que era médium y clarividente, investigó varios fenómenos paranormales famosos, como el de la muñeca Annabelle y la casa embrujada de Amityville, que fueron reflejados en varias películas de cine.

Ed vivió hechos inexplicables durante su infancia. De madrugada, las puertas de su armario se abrían de repente y daban paso a luces y rostros, en especial el de una anciana enfadada. Él decía que la habitación se llenaba de un frío glacial y se escuchaban pisadas y susurros, a los pocos minutos estaba durmiendo en la cama de mis padres. Creció sin entender qué eran los sucesos que pasaban en su casa.

La pareja se conoció en el teatro en el que Ed trabajaba de acomodador. "Cuando nos hicimos novios me decidí a contarle que había visto fantasmas y apariciones cuando era niño. Pensé que seguramente se iba a reír y me iba a tomar por un loco, pero ella me contestó que también tenía un secreto: era médium y clarividente, y había visto fantasmas igual que yo, y además podía hablar con ellos. En ese momento me pareció que el destino nos había reunido".

En 1952 fundaron la Sociedad de Nueva Inglaterra para la investigación psíquica, es una sociedad que solo se dedicaba a investigar diferentes apariciones. Sin embargo, con el paso del tiempo, los Warren se dieron cuenta de que querían ayudar a las personas desde la raíz, y que no podían limitarse a explicar qué había sucedido. Para ello, ambos necesitaban obtener el conocimiento necesario para lidiar con los diferentes entes. Ed comenzó a entrevistar a varios miembros del clero, preguntándoles sobre la reacción que tendrían si alguien les llama y dice que su casa está embrujada. Para su sorpresa, varios de ellos respondieron que los mandarían a un psiquiatra e incluso otros ni siquiera creían en el diablo.

El trabajo de la N.E.S.P.R (New England Society for Psychic Research) se basa en la religión, pero también utiliza la ciencia

También abrieron el Museo del Ocultismo. Único en su tipo, este museo contiene todos los objetos que han sido investigados por los Warren; objetos que fueron utilizados para magia negra o tendrían vínculo con alguna entidad demoníaca. El objeto más conocido es la muñeca Annabelle. Para mantener todo en calma, un sacerdote va a bendecir el lugar con agua bendita tres veces por semana.

## 10

## Protección contra fuerzas demoníacas

En sus cartas, el filósofo estoico Séneca señala que es fácil seguir siendo un hombre moral si nunca traspasa la puerta de tu casa. Desafortunadamente, la vida nos llama a dejar la seguridad de nuestras viviendas y, en el caso de entidades malignas, incluso el santuario del hogar y el hogar no siempre nos protege.

Hay muchos métodos aceptados para protegerse contra las fuerzas demoníacas o las malas influencias. El ritual hablado tiene un poder tremendo. El uso de oraciones de protección levanta poderosas barreras mentales y espirituales. Las oraciones se pueden usar en cualquier lugar y en cualquier momento que las necesite.

Las palabras no eliminan a los demonios ni los destruyen, sino que ayudan a quitar la capacidad de un demonio para influir en una persona o para crear un entorno donde es posible la influencia negativa. Las oraciones de protección también evitan que un demonio salte de un individuo o de un espacio a otro en un esfuerzo por eludir la detección o el exorcismo.

Las oraciones no tienen que ser parte de un ritual establecido para ser efectivas.Sin embargo, no es poco común encender una vela que ha sido bendecida antes de que se dé la oración. Esto ayuda a la persona que recita la oración a visualizarse rodeada de luz protectora.

Los siguientes son ejemplos de oraciones de protección en circunstancias habituales.

### *La oración del círculo de luz*

La luz de Dios me rodea.
> El amor de Dios me envuelve.
> El poder de Dios me protege.
> La presencia de Dios vela por mí.
> Dondequiera que yo esté, Dios está.
> Y todo va bien. Amén.
> **Oración al Arcángel Miguel**

. . .

Esta oración fue emitida originalmente por el Papa León XIII, cuyo pontificado duró desde 1878 hasta 1903. El pontífice tenía la intención de que la oración se usara como protección durante los exorcismos contra Satanás y las fuerzas demoníacas. Hay tres versiones de uso común.

*Versión 1:*

San Miguel Arcángel, defiéndenos en la batalla.

Sea nuestra protección contra la maldad y trampas del diablo.

Que Dios lo reprenda, oramos con humildad.

Y tú, oh Príncipe de las Huestes Celestiales, por el poder de Dios, arroja al infierno a Satanás y a todos los espíritus malignos que vagan por el mundo buscando la ruina de las almas.

Amén.

*Versión 2:*

Los ejércitos del Glorioso Príncipe de los Cielos, San Miguel Arcángel, defiéndenos en la batalla contra los principados y potestades, contra los gobernantes de las tinieblas, contra los espíritus malignos en los lugares altos. Sé nuestra protección contra la maldad y las trampas del diablo.

Que Dios lo reprenda, oramos con humildad.

Y tú, oh Príncipe de las Huestes Celestiales, por el poder de Dios, arroja al infierno a Satanás y a todos los espíritus malignos que vagan por el mundo buscando la ruina de las almas.

En el nombre del Padre, del Hijo y del Espíritu Santo.

Amén.

*La versión 3 es el original emitido por el Papa León:*

En el Nombre del Padre y del Hijo y del Espíritu Santo.

Oh Glorioso Príncipe de los Ejércitos Celestiales, San Miguel Arcángel, defiéndenos en "nuestra batalla contra los principados y potestades, contra los gobernantes de este mundo de tinieblas, contra los espíritus de maldad en los lugares altos "(Efesios 6:12).

Acuda en ayuda de aquellos que Dios ha creado a Su semejanza, y a quienes ha redimido a un gran precio de la tiranía del diablo.

La Santa Iglesia te venera como su guardián y protector; a ti, el Señor ha confiado las almas de los redimidos para ser conducidas al cielo. Ore, por tanto, al Dios de la paz para que aplaste a Satanás bajo nuestros pies, para que ya no retenga a los hombres cautivos y haga daño a la Iglesia.

Ofrece nuestras oraciones al Altísimo, para que sin demora puedan atraer

Su misericordia sobre nosotros; agarra al "dragón, la serpiente antigua, que es el diablo y Satanás", átalo y échalo al abismo "para que no engañe más a las naciones" (Apocalipsis 20: 2-3).

En el Nombre del Padre y del Hijo y del Espíritu Santo.

Amén.

A veces, la recitación de una oración es necesaria tanto para la comodidad del individuo como para la protección real contra una presencia demoníaca. Estar ansioso o temeroso abre conductos espirituales a través de los cuales las influencias negativas pueden entrar en la mente y el corazón.

Por esta razón, el reconfortante y protector Salmo 23 del Antiguo Testamento es una oración popular en muchas circunstancias.

## El salmo veintitrés

El Señor es mi pastor: nada me faltará.
 Me hace acostarme de verdes pastos;
 Junto a aguas tranquilas me conduce.
 El restaura mi alma.
 El lidera en los caminos de justicia por amor de su nombre, y aunque camine por el valle de la sombra de la muerte,

No temeré mal alguno, porque tú estás conmigo. Tu vara y tu cayado me infundirán aliento.

Preparas una mesa delante de mí en presencia de mis enemigos;

Unges mi cabeza con aceite; mi copa está rebosando.

Ciertamente el bien y la misericordia me seguirán todos los días de mi vida, y habitaré en la casa del Señor por siempre.

Amén.

**Oración de Jabes**

De manera similar, también se usa la Oración de Jabes de 1 Crónicas 4:10:

Oh, Señor, que en verdad me bendigas y ensanches mi territorio, y que tu mano esté conmigo, y que me guardes del mal para que no me entristezca. Amén.

**Objetos sagrados**

Usar o llevar medallas bendecidas y otros amuletos para protegerse del mal ha sido una práctica común durante siglos. Las Medallas de San Benito se consideran una protección especialmente poderosa contra los demonios.

. . .

San Benito fue el fundador de la orden de monjes benedictinos. El frente de su medalla muestra al santo sosteniendo una cruz en su mano derecha, mientras que en su izquierda agarra un pergamino con las reglas de conducta correcta para su orden.

Detrás de él, una copa de veneno simboliza la historia de un milagro que se le atribuye. Cuando un sirviente del diablo ofreció una copa envenenada a San Benito, inmediatamente hizo la señal de la cruz, rompiendo la copa.

La parte posterior de la medalla muestra una cruz y las letras VRS-NSMV-SMQL-IVB, originalmente vistas en cruces colgadas en la abadía benedictina de Metten. Su significado fue desconocido hasta 1417 cuando se descubrió un manuscrito que explica que representan las palabras de Benedicto cuando se dirigió al demonio que intentó envenenarlo.

Las letras representan su declaración en latín:
    Vade retro Satana.
    Numquam suade mihi vana.
    Sunt mala quae libas.
    Ipse venena bibas.
    La traducción al español dice:
    Da un paso atrás, Satanás.
    No me tientes con cosas vanas.

Lo que ofreces es malvado.

Bebe tú mismo el veneno.

En verdad, casi cualquier objeto religioso sagrado, especialmente uno en el que el usuario tiene una gran fe, puede usarse como protección contra el mal. Dichos objetos pueden incluir, entre otros, cruces, crucifijos y rosarios.

**Signos de ataque psíquico o demoníaco**

Algunos de los signos "estándar" de ataque psíquico o demoníaco incluyen los siguientes sentimientos, eventos o lesiones, ya sea que los sienta el individuo o que los observen otros:

- Una sensación incómoda de que tu o tu hogar están siendo vigilados.
- Una sensación de haber sido tocado cuando no hay nadie presente.
- Escuchar voces audibles o susurros inaudibles.
- Hablar en idiomas incomprensibles, o idiomas de los que la persona no tiene conocimiento.
- Cambios repentinos en la personalidad y el comportamiento.
- Una interrupción en las relaciones cercanas sin causa.
- Emociones irracionales, incluida la ira, miedo y dolor.

- Sensaciones corporales de frío helado.
- Una pérdida repentina y enervante de energía con una fatiga aplastante.
- Pérdida de memoria y "tiempo perdido".
- Confusión e incapacidad para tomar decisiones sencillas.
- Pesadillas recurrentes.
- Visiones de criaturas horribles y sombras negras.
- Pensamientos obsesivos que incluyen deseos y fetiches.
- Aversión a estar en presencia de objetos sagrados.
- Arañazos, cortes y ronchas que aparecen en el cuerpo sin explicación.
- Una profunda sensación de incomodidad en determinadas habitaciones o áreas de una casa o edificio.

En casos graves, los individuos afectados pueden parecer catatónicos, mirar sin parpadear o exhibir una fuerza sobrehumana.

Pueden predecir el futuro o recitar eventos pasados sobre los que no podrían tener información sin "retrocognición". Se han registrado casos de levitación y alteraciones corporales extremas, incluido el cambio en el color del cabello y los ojos.

. . .

## **Bendiciones a la casa y manchas con salvia**

Si te preocupa que el mal haya entrado en tu hogar o familia por cualquier medio, los primeros pasos típicos son pedirle a un sacerdote o ministro que realice una bendición a la casa, preferiblemente con agua bendita. Muchos demonios menores huirán de una propiedad cuando se invoca el nombre de Jesús.

También existe un método folclórico más tradicional para limpiar una propiedad "manchando" la casa con palitos de salvia, que están disponibles en la mayoría de las tiendas que venden hierbas a granel.

Enciende la salvia y muévete en el sentido de las agujas del reloj alrededor de la casa comenzando por la puerta principal. Usa su mano libre para dispersar suavemente el humo. No descuides las esquinas y manches el interior de todos los armarios.

Incluye áreas como despensas, cuartos de servicio y sótanos. Si lo deseas, puedes invocar oraciones de protección mientras trabajas.

Si estas medidas no funcionan, es posible que deba buscar ayuda externa. En los tiempos modernos, es típico que los expertos médicos y psiquiátricos sean contactados en los casos en que una persona se ve profundamente afectada por alguna fuerza invisible.

Desafortunadamente, la ciencia y lo espiritual rara vez llegar a una útil reunión de mentes sobre asuntos de fe. Si se han excluido todas las explicaciones médicas del comportamiento de una persona y cree que las fuerzas demoníacas son las responsables, es más probable que encuentre alivio consultando con su ministro o sacerdote.

11

## Demonios de la A a la Z

Dado que la palabra "grimorio" se deriva de "gramática", piensa que los dos libros tienen propósitos similares. Ambos establecen fórmulas mediante las cuales se pueden utilizar símbolos fijos para obtener resultados significativos.

Para la gramática, es la presentación comprensible de información y pensamientos en un idioma en particular. Con un grimorio, los resultados son el lanzamiento efectivo de un hechizo o la recitación de un ritual mediante el cual se invoca a un demonio.

La Llave Menor de Salomón es quizás el más famoso de todos los grimorios conocidos, que incluye una extensa lista de demonios conocidos.

Fue compilado en el siglo XVII y también se conoce

como Lemegeton. El texto está compuesto por cinco libros:

- Ars Goetia
- Ars Theurgia-Goetia
- Ars Paulina
- Ars Almadel
- Ars Notoria

La fuente más obvia del material contenido en "La clave menor de Salomón" es una parte de un libro de uno de los demonólogos estadounidenses más importantes, *De praestigiis daemonum*, publicado en 1563. Un apéndice de ese libro titulado "*Pseudomonarchia daemonum*" se distribuyó como obra separada. Contenía una lista de demonios y espíritus infernales junto con sus títulos y descripciones de los poderes supuestamente atribuidos a cada uno.

Este escritor citó la fuente como el libro de los oficios de los espíritus, o el libro llamado ha sido comprado por Salomón, sobre el Príncipe y los reyes de los demonios.

Este trabajo afirmó que había un estimado de 7,451,926 "demonios". Se organizaron en las 1,111 legiones bajo el control de 72 príncipes infernales.

. . .

Según el material, el infierno se organizó en una jerarquía dividida en príncipes, ministerios y embajadores.

De "*praestigiis daemonum*" llegó a traducirse al inglés, francés y alemán. Fue una obra influyente, que incluso contribuyó al escéptico libro de 1584 The Discoverie of Witchcraft, el cual denunció la persecución de brujas por parte de la Iglesia Católica Romana como irracional y no cristiana.

Sin embargo, todas las copias del libro, que intentó ser la voz de la tolerancia, fueron borradas cuando James VI de Escocia ascendió al trono de Inglaterra como Jaime I en 1603. El nuevo rey se creía tanto un intelectual como un experto en el tema de la brujería.

James lanzó una persecución generalizada de presuntos brujos en Escocia en 1590. En ese año, 300 brujas fueron acusadas de conspirar para matar a James, quien alimentaba temores mórbidos de ser víctima de una muerte violenta. Fue en este momento que también desarrolló un interés inusualmente agudo no solo en la brujería, sino también en la demonología.

El nombre del rey es quizás mejor conocido por su asociación con la versión King James de la Biblia, pero el monarca también fue autor de su propia demonología en 1597. Hoy, sigue siendo una fuente de referencia esencial para comprender la caza de brujas en el siglo XVII, en particular los juicios que se desarrollaron en Escocia.

Determinar la proveniencia y la interconexión de textos esotéricos como los pocos que he mencionado aquí no es poca cosa. En 2001, se reunió una nueva versión de The Lesser Key of Solomon a partir de manuscritos originales y fragmentados de la colección de la Biblioteca del Museo Británico. Esta edición, creada por un escritor británico, se considera una de las versiones más completas y precisas de este famoso grimorio hasta la fecha.

Este se une a un extenso e impresionante grupo de académicos que trabajan para resolver los hechos de lo sobrenatural y malévolo. Ya en 1486, un clérigo alemán, Heinrich Kramer, escribió un manual de caza de brujas llamado Malleus Maleficarium.

También se considera indispensable para comprender los fenómenos ocultos y las actividades de los demonios.

Esta incoherente discusión bibliográfica podría durar varias páginas y está mucho más allá del alcance del trabajo actual. Estos libros se mencionan para ayudar al lector a darse cuenta de la existencia de un amplio cuerpo de conocimientos sobre demonios. Las siguientes descripciones de los demonios provienen de múltiples fuentes dentro de ese cuerpo y se ofrecen sólo con fines ilustrativos.

No es difícil localizar libros que pretenden proporcionar instrucciones para convocar demonios. Claramente, al leer las descripciones en las páginas siguientes reunidas de varias demonologías famosas, incluida La Llave Menor de Salomón, verá que los demonios tienen la capacidad de tentar a la humanidad con ofertas de dones extraordinarios y grandes riquezas.

Aunque esto debería ser evidente, la mejor manera de evitar lidiar con los demonios es evitar cualquier actividad que pueda interpretarse como una invitación.

Muchos libros sobre el ocultismo se crean para un entretenimiento sensacional e incluyen hechizos y encantamientos sin pensar en las consecuencias y responsabilidades.

Si comienzas a encender velas, dibujar pentagramas y cantar en latín, puedes despertar algo que no puedes controlar, incluido tu propio miedo y ansiedad.

. . .

Algunas aguas espirituales corren oscuras y profundas. No nades allí a la ligera y sin guías. Incluso si crees que los demonios no son más que representaciones simbólicas de los pecados, defectos y tentaciones del hombre, ten cuidado de poner nada en tu mente que tenga el potencial de pudrirse y crecer.

## Abadón / Apollyon

En el libro de Apocalipsis 9: 1-11, Abadón se describe como el rey de las langostas y el ángel del abismo. En las Escrituras hebreas, Abadón se refiere al "lugar de destrucción", que está asociado con el infierno. A veces se le llama el jefe de los demonios y en la Iglesia copta es el ángel de la muerte.

Se piensa que Abadón es el promotor de las guerras, hostilidades y catástrofes. Muchos de los demonólogos lo refieren como el demonio que gobierna las legiones de las plagas que ocurrirán después del Apocalipsis;

San Juan en el Apocalipsis lo denomina el rey de las langostas, otros lo definen como el Ángel exterminador. En las santas escrituras se describe como un Ángel enviado por Dios, si bien se trata de un Ángel destructor, las langostas que emergen del abismo y lo acompañan no tienen la misión de aniquilar, su objetivo es ocasionar sufrimientos terribles, porque Dios le dijo a Noé que jamás retornaría a devastar a la especie humana.

En el momento que Lucifer pierde la gracia celestial, enseguida agrupa su tropa con más de dos mil cuatrocientos soldados que eran ángeles que rebeldemente se transformaron en demonios. Estas tropas iban agrandándose hasta que llegó a una cantidad tumultuosa de seis millones seiscientos mil que los dirigían once sucesores del infierno.

Estos ejércitos infernales se dedicaron a hacerle la guerra a los Ángeles Celestiales, quedando solamente ángeles de buenos sentimientos en el cielo.

Abadón fue uno de los principales Ángeles que acompañó a Lucifer y fue el responsable de inculcar la orgía y la ilegalidad en los líderes causando el desconcierto, la muerte y la destrucción a nivel universal.

**Adrammelech**

. . .

En el Dictionnaire Infernal de Collin de Plancy publicado en 1818, Adramelech recibe tres posiciones en la jerarquía del inframundo: alto canciller del infierno, presidente del sumo consejo de los demonios y superintendente del guardarropa del rey de los demonios. Tiene la capacidad de transformarse en un pavo real o una mula, y fue adorado por los Sephravitas del Antiguo Testamento con sacrificio humano.

Hasta la fecha, no se ha mencionado el nombre hebreo Adramelech en las inscripciones asirias, por lo que los eruditos y los comentaristas de la Biblia han dejado de especular. El nombre Adramelech es muy probablemente una reconstrucción del semita occidental "Addir-Melek" que significa "el glorioso rey", un nombre apropiado para una deidad del sol. El vínculo entre Adramelech y Moloch proviene de la práctica de adorar a ambas deidades quemando niños.

**Agares**

El demonio Agares se describe como un anciano montado en un cocodrilo que lleva un gavilán.

Está asociado con la enseñanza de idiomas, el regreso de desertores y fugitivos, la fuente de terremotos y la concesión de títulos nobiliarios. Dirige más de 30 legiones de demonios.

. . .

Perteneciente a la orden de las Virtudes, respecto a los fugitivos puede hacer que regresen, causar terremotos y al enseñar lenguas, encuentra placer en dar a conocer expresiones inmorales.

Según la clavícula del Rey Salomón y otros autores Agares es un Gran Duque del infierno que tiene 2046 espíritus a sus órdenes. "Es el guardián de las siete llaves que encierra en sí el conjuro de las nueve puertas doradas." El rango de Duque por supuesto es de suma importancia, pues es capaz de congregar a todas las princesas infernales cuando lo requiere la ocasión. Habita el Mundo de la Formación, pero es posible que también acceda al de la Creación por su íntima vinculación con Lucífugo.

**Aim**

Aim, o "Aym" gobierna 26 legiones de demonios en su calidad de Gran Duque del Infierno.

Guapo y encantador, puede asumir múltiples formas, usando los secretos de las personas en su contra. En su forma demoníaca, tiene una cabeza humana flanqueada por un lado por la cabeza de una serpiente y por el otro por la cabeza de un ternero (o gato).

. . .

Tiene dos pentagramas en la frente. En la batalla empuña una víbora en una mano y una espada de fuego en la otra, quemando ciudades enteras a voluntad. Sin embargo, sus armas preferidas son la astucia, la manipulación y el ingenio.

**Alastor**

El demonio Alastor está asociado con pecados generacionales. Los romanos lo consideraban el "genio maligno de la casa" y desempeña un papel importante en las disputas familiares. Tanto en el cristianismo como en el zoroastrismo, Alastor es conocido como el "verdugo".

El Diccionario Infernal de Collin de Plancy lo describe como un demonio severo, gran ejecutor de las sentencias del monarca infernal. Dicen también que es el ángel exterminador.

**Alocer**

A veces conocido como Alocer o Alloces, Allocer, como el Gran Duque del Infierno, comanda 36 legiones. Enseña arte y los misterios del cielo, induciendo a la gente a la inmoralidad. La cara de Allocer tiene características de león con ojos ardientes y una tez rubicunda. Aparece como un Caballero montado, a menudo sobre un caballo con patas de dragón, y habla con gran seriedad.

## Amaymon

Amaymon (Amaimon o Amoymon), el Rey del Este en el Infierno, es un verdadero demonio. Nunca fue un ángel. Paciente y lleno de recursos, Amaymon posee un aliento venenoso. Conoce el pasado, el presente y el futuro, posibilitando visiones y permitiendo que la gente vuele.

Proporciona protecciones, proporciona espíritus familiares y revive a los muertos. Comanda a los ángeles caídos y a las Potencias, y ordena 36 legiones; su lugarteniente es Asmoda (o Asmodeo), el primer príncipe de sus Estados.

## Amdusias

El demonio Amdusias (Amduscias, Amdukias o Ambduscias) comanda 29 legiones en su capacidad como Gran Rey. Aunque asume una forma similar a la humana, sus manos y pies son garras y su cabeza es la de un unicornio. Amdusias es asociado con el trueno y se ha dicho que su voz es oída durante tormentas. En otras fuentes, está acompañado por el sonido de trompetas cuando viene y daría conciertos si se lo ordenara, pero mientras a través de todo tipo de instrumentos musicales puede ser escuchado, no puede ser visto. Puede hacer inclinar a los árboles a voluntad.

**Andras**

Andras, el Gran Marqués del Infierno, siembra la discordia entre la gente y comanda 30 legiones demoníacas. Aparece con el cuerpo alado de un ángel, pero con una lechuza o cabeza de cuervo. Maneja una espada brillante y afilada y se sienta a horcajadas sobre un lobo negro. Andras tiene una sola directiva, que es cazar y matar hombres. Él es especialmente talentoso en usar la ira de la gente contra ellos e infecta a los humanos con rabia incontrolable.

Tiene sed de sangre casi infinita, es egoísta, agresivo, solo conoce la lealtad a sí mismo, es extremadamente atractivo, su voz es dulce y sus ojos claros son altamente atrayentes; a pesar de esto es altamente peligroso. Disfruta de tener relaciones sexuales salvajes tanto con hombres como mujeres, sin embargo se sentía mucho mas atraído a los hombres físicamente y consideraba un reto mayor seducir hombres y eso le fascinaba.

Llegó a tener relaciones con otros demonios a los cuales luego asesinaba y les quitaba sus poderes al igual que cazaba a las almas que salían camino al cielo o al infierno para consumirlas y ser más fuerte, disfrutaba aún más las de los niños pues estos le proporcionaban una mayor carga de energía.

## Andrealphus

Andrealphus, que aparece como un pavo real, es un gran marqués. En forma humana, enseña geometría y "astucia en astronomía".

Tiene la capacidad de convertir a los hombres en pájaros y es el gobernante de 30 legiones.

## Andromalius

El Gran Conde del Infierno y un ángel caído, Andromalius, llama a 36 legiones a su servicio.

. . .

Representado como un hombre grande que sostiene una serpiente en una mano, devuelve los bienes robados a sus dueños, descubre malas acciones y encuentra tesoros escondidos.

**Anticristo**

Hay cuatro referencias al anticristo en la Biblia cristiana, que se encuentran en el primer y segundo libro de Juan.

El anticristo es retratado como un falso mesías que enfrentará a Jesús durante la Segunda Venida al final de los tiempos.

Sólo en el cristianismo, y en menor medida en el judaísmo y en el islamismo, desempeña un papel relevante la figura de un ser humano totalmente malvado.

Desde un punto de vista histórico los orígenes del concepto se encuentran en las creencias mesiánicas y apocalípticas del judaísmo del Segundo Templo y en su confluencia entre los cristianos con la fe en Jesús.

. . .

Comúnmente con este término se ha hecho alusión a los herejes dentro de las propias corrientes cristianas. Así lo encontramos en las Epístolas de San Juan, en las cuales es empleado para referirse a cualquiera que niega que "Jesús es el Cristo" y el Hijo de Dios que vino "en carne".

A lo largo de la historia, nos encontramos con diversas corrientes heréticas que niegan la divinidad de la persona de Jesús, junto a otras que predican a Cristo como un mito desligado de toda realidad material, cuestionando la verdad histórica de los evangelios para considerarlos solo relatos simbólicos donde aparecerían únicamente arquetipos. Estas doctrinas han recibido diversas denominaciones y a menudo engloban diferentes conceptos astrológicos y panteístas en sus cuerpos de creencias.

**Astaroth**

El demonio Astaroth se representa como un hombre desnudo con alas emplumadas.

Lleva una corona, monta un lobo y sostiene una serpiente en una mano. Astaroth es quizás una de las amenazas menores para la humanidad en lo que respecta al peligro físico, aunque parece que es aficionado a la manipulación y la corrupción de naturaleza intelectual.

. . .

Seduce a los hombres apelando a su vanidad y pereza, siempre con explicaciones "racionales".

Astaroth posee un inmenso poder que debe ser reconocido. Además de su puesto en la trinidad malvada, se cree que Astaroth comanda 40 legiones de demonios y espíritus, lo que sugiere que también es un respetado estratega militar.

Astaroth puede hacer que los hombres sean invisibles, darles poder sobre las serpientes y llevarlos a tesoros escondidos. Se le considera el príncipe tanto de los acusadores como de los inquisidores.

Se dice que cuando Astaroth es convocado, está dispuesto a compartir su gran conocimiento del pasado, presente, futuro e intereses intelectuales. Sin embargo, cuando se convoca a Astaroth, es importante tomar precauciones. Este demonio es conocido por su aliento maloliente que se dice que es fatal en los encuentros.

## Baal

Baal es uno de los siete príncipes del infierno al mando de 66 legiones de demonios. Se cree que tiene el poder de hacer invisibles a quienes lo convocan. Baal puede aparecer como un hombre, un gato, un sapo o una combinación de estas criaturas. Originalmente, fue mencionado en el Antiguo Testamento como un dios pagano adorado por los Fenicios.

## Balam

El gran y poderoso rey del infierno, Balam, comanda más de 40 legiones de demonios. Tiene la capacidad de hacer invisibles a quienes lo convocan y de hacerlos ingeniosos e inteligentes con su perfecto conocimiento del pasado, presente y futuro. Representado con tres cabezas (toro, hombre y carnero), Balam tiene ojos llameantes y cola de serpiente. Se le ve montando un oso y llevando un halcón en su puño.

## Baphomet

El nombre Baphomet se hizo popular por primera vez en inglés en el siglo XIX. Como demonio, se le asocia popularmente con una imagen dibujada por el escritor y mago ocultista francés Eliphas Levi llamada la Cabra Sabática.

. . .

La imagen y sus variaciones aparecen con frecuencia en tradiciones místicas y ocultas y es un símbolo adoptado por la Iglesia de Satanás. El nombre originalmente describía al ídolo o deidad supuestamente adorado por los Caballeros Templarios, uno de los cargos impuestos contra el poderoso grupo que llevó a su supresión en 1312.

## Barbas

Barbas, conocido como el Gran Presidente del Infierno, se sienta a la cabeza de 36 demonios y puede responder verdaderamente sobre cosas que son secretas u ocultas. Él causa y cura enfermedades, es experto en enseñar artes mecánicas y puede asumir forma humana. Normalmente, se le representa como un gran león.

Barbas también es el demonio del miedo, un antiguo y poderoso demonio de nivel superior que había vivido durante miles de años en el purgatorio, como el miedo siempre vuelve, lo hace él. Su poder es clave para leer el mayor temor de una persona, y luego convertirlo en su contra, ya sea literalmente asustar a sus víctimas hasta la muerte con ilusiones, o la manipulación de ellos, el cumplimiento de sus objetivos.

. . .

Cuando Barbas estaba en el Purgatorio, un demonio llamado Stimple le enseñó a Barbas proyectarse en el plano astral en la Tierra. A continuación, utiliza estos poderes para manipular a otros seres para que vean las ilusiones de sus miedos más profundos para que se cumplan sus órdenes.

## Barbatos

Barbatos es a la vez duque y conde del infierno al mando de 30 legiones en concierto con cuatro reyes que son sus compañeros. Puede predecir el futuro, conversar con animales, conducir a los hombres a tesoros escondidos y encantados y actuar como conciliador de gobernantes y amigos.

Barbatos es uno de los tres demonios subordinados a Satanachia, junto con Pruslas y Amon. Según otras versiones, Barbatos sirve como ayudante de Astaroth o está bajo las órdenes de Belcebú. Su nombre parece derivar del Latín barbatus, que significa barbudo o barbado. Es considerado como un anciano filósofo.

Barbatos es un demonio de la comunicación. Al igual que algunos de sus compañeros demonios, él dice al invocador los detalles sobre el pasado y el futuro y tiene el poder para reparar las relaciones rotas, así como crear otras nuevas. En particular, puede crear amistades entre dos personas y también puede influir en los hombres y las mujeres en posiciones de poder. Estos dos últimos poderes pueden ser particularmente potentes en combinación cuando una persona no puede sólo hacerse amigo de una persona de poder, sino también influir en ellos en sus intereses.

Las facultades de comunicación no se detienen ahí.

Barbatos también tiene el poder de dar voz a los animales, lo que significa que puede hacerlo de modo que el conjurador entienda lo que los animales están tratando de comunicar a los seres humanos.

Es poco probable que esto signifique que el animal en cuestión realmente hable en lenguaje humano.

Lo más probable es que el Duque demonio cree una especie de traductor telepático para que los seres humanos puedan entender los pensamientos de los animales.

**Bathin**

. . .

Bathin, uno de los grandes duques del infierno, comanda 30 legiones. Puede llevar a los hombres repentinamente de un lugar a otro y puede impartir el don de la proyección astral. Conoce las virtudes de las piedras preciosas y hierbas. Visto como un hombre musculoso con cola de serpiente, monta un caballo pálido.

Al igual que muchos demonios, Bathin aparece en múltiples formas. Normalmente la primer forma pretende intimidar a los invocadores aficionados con el fin de mantener la disponibilidad abierta para aquellos que realmente necesitan ayuda y están fuertemente dedicados a este tipo de comunicación.

**Belcebú**

Belcebú es uno de los siete príncipes del infierno y su nombre, en la cultura popular, a menudo se usa indistintamente con Satanás.

También se le llama el Señor de las Moscas y se le representa como un enorme insecto demoníaco.

. . .

Belcebú es un poderoso demonio que ocupa un lugar destacado en la jerarquía del infierno. Es conocido por difundir la creencia en dioses falsos, avivar las llamas de la guerra o de la lujuria, y poseer cuerpos humanos para llevar a cabo actos horribles.

Este es uno de los demonios más poderosos del Infierno, ocupando el segundo lugar después del mismo Satanás.

Algunos teólogos incluso afirman que ha usurpado a Satanás y se ha convertido en "príncipe de los demonios" y "jefe del infierno". Otros afirman que Belcebú y Satanás son uno y el mismo.

**Belial**

Belial, uno de los demonios de Satanás más venerables, fue, según el material contenido en los Rollos del Mar Muerto, el gobernante del lado oscuro hasta el ascenso de Satanás.

Es el demonio de las mentiras y una fuente de un tremendo mal, al mando de 80 legiones. Algunas fuentes dicen que es el padre de Lucifer y el ángel que convenció a Lucifer de rebelarse contra Dios, comenzando la Guerra en el Cielo.

Según las creencias, Belcebú comenzó su carrera demoníaca como un dios falso. Usó mentiras inteligentes y recompensas terrenales para convencer a los hombres de que adoraran a dioses falsos, generalmente a sí mismo.

Como todos los demonios, tiene una variedad de poderes mágicos. Su especialidad parece ser la posesión. En los primeros días, le gustaba encarnar ídolos de oro, haciéndolos parecer como si tuvieran poderes para que la gente los adorara. Más tarde, comenzó a poseer seres humanos.

Su nombre ha aparecido en numerosos casos famosos de posesión: Anneilse Michel, Louis Gafridi y muchas de las "brujas" del juicio de las brujas de Salem.

**Beleth**

Beleth, un terrible rey del infierno al mando de 85 legiones, se sienta a horcajadas sobre un caballo pálido con trompetas y música sonando ante él. Es un ángel caído que se dice que fue invocado primero por el hijo de Noé después del diluvio.

· · ·

Los poderes de este Ángel Caído son algo inusuales. A Beleth se le atribuye el poder de exonerar de culpa a los soldados muertos en batalla para evitar que lleguen al infierno, también se dice que puede ejercer control sobre los sentimientos humanos tales como el amor, el odio, entre algunas otras.

Puede provocar todo el amor posible, tanto en hombres como en mujeres.

Esto quiere decir que, puede hacer amar a cualquiera y odiar a cualquiera.

**Belphegor**

El demonio Belphegor es uno de los siete príncipes del infierno. Seduce a los hombres ayudándolos a crear inventos ingeniosos y a hacer descubrimientos que los enriquecerán. En algunas tradiciones es el demonio del pecado de la pereza y su misión es sembrar el descontento y la discordia.

Belphegor es un demonio con mucha inteligencia y astucia, sabe cuando una batalla está ganada o perdida. Además fue él quien le dio a la humanidad la capacidad de crear armas extremadamente peligrosas tales como bombas nucleares, misiles balísticos o armas químicas.

Belphegor es invocado por personas que desean encontrar fama y riqueza a través de la invención, a menudo con el menor esfuerzo posible. Estos deseos, como casi cualquier invocación demoníaca, están condenados al fracaso, porque la verdadera misión de él es atraer a los perezosos al pecado de la pereza. A través del fracaso de cualquier cosa que Belfegor proporcionó al invocador, él los atrae hacia la postergación y el sueño ocioso en lugar de producir, condenandolos así.

**Berith**

El demonio Berith aparece como un soldado vestido de rojo a horcajadas sobre un caballo rojo al mando de 26 legiones. Lleva una corona dorada y tiene el poder de convertir metales básicos en oro. También tiene el poder de dar claridad al sonido, incluidas las voces de los cantantes, y hacer que los oradores actúen con mayor elocuencia.

**Bifrons**

Bifrons, un conde del infierno, comanda 60 legiones. Enseña artes y ciencias, incluida la tradición de las gemas, hierbas y maderas. Primero aparece en forma monstruosa, y luego asume la forma de un hombre, y se sabe que mueve cadáveres de una tumba a otra, dejando ocasionalmente velas o luces en las tumbas.

## Botis

Botis, el gran presidente y conde del infierno, se representa como una víbora, pero puede cambiar a forma humana con dientes de gran tamaño y dos cuernos. Cuando se ve de esta forma, lleva una espada brillante. Dirige 60 legiones y cuenta todas las cosas, pasadas y futuras.

## Buer

El demonio Buer también se describe como un gran presidente del infierno al mando de 50 legiones. Es capaz de curar enfermedades en los hombres, otorgar familiares y enseñar lógica, filosofía y herbología. A menudo se le representa como un centauro con un arco y flechas después de la moda de Sagitario, aunque también ha sido representado como un demonio con cabeza de león y cinco patas de cabra.

. . .

## Buen

Buen, otro gran duque del infierno poderoso y fuerte comanda 30 legiones.

Hace demonios de los muertos mientras da a los hombres vivos sabiduría y elocuencia, así como riquezas. Bune se representa a menudo como un dragón con tres cabezas: perro, grifo y hombre.

## Caín

Caín es el hijo primogénito de Adán y Eva, así como el primer ser humano nacido en la Tierra. Es hermano el mayor de Abel y Seth y antiguo acompañante de Lilith.

También llamado el Gran Presidente del Infierno, Caín brinda a los humanos la capacidad de comprender las voces de varias criaturas, incluidos perros y aves. Se le representa como un pájaro negro que sostiene una espada. Caín puede asumir forma humana, y en algunas fuentes se muestra como un hombre, pero con la cabeza y las alas de un pájaro. También imparte el don de la visión del futuro.

. . .

Un dato interesante es que en la biblia en el génesis explica que al matar Caín a su hermano Abel, producto de la envidia, Dios le impuso un castigo (una maldición dirán algunos). Abandonaría Caín la tierra de sus padres y caminaría errante por el mundo. Las palabras textuales de Dios fueron "Cuando labres la tierra, no te volverá a dar su fuerza; errante y extranjero serás en la tierra". Fue tan grande el castigo para Caín que este le replicó a Dios que ante semejante destino solo le quedaba esperar que cualquiera lo matara.

Dios entendiendo el temor de Caín y para protegerlo de una muerte súbita le puso una marca. Así todos reconocerían que Caín era un asesino, pero también sabrían que ese ser humano peligroso y maldito por Dios (así de terrible) era intocable porque cualquiera que le hiciera daño a Caín sería castigado siete veces.

La Gnosis sostiene que Caín no fue hijo de Adán, que Eva engendró a su primer hijo, Caín, con la Serpiente, con Lucifer. La Serpiente Lucifer fecundó a Eva con su aliento. Esto quiere decir que Caín no fue un niño totalmente humano, nacido de la carne. Tuvo algo Espiritual muy grande, porque su padre era Lucifer, proveniente del mundo incognoscible del Espíritu. Abel fue hijo de Adán y Eva, o sea que Abel sí fue un hijo de la carne. Cuentan algunas leyendas judías que el creador ha castigado para siempre a Caín con la falta de sueño, condenándolo a no poder dormir, a la vigilia permanente. Para un Gnóstico eso no es un castigo sino un triunfo. Estar siempre despierto es una ventaja, una virtud, un logro importante.

## Cali

Reina de los Demonios y Sultana del Infierno. Se le representa vestida de negro con un collar de granos de oro. Antiguamente se le ofrecían víctimas humanas.

## Cimejes

Cimejes, visto como un guerrero sobre un caballo negro, es un marqués del infierno al mando de 20 legiones. Posee la capacidad de encontrar tesoros escondidos y objetos perdidos y es conocido por enseñar gramática, lógica y retórica.

Se especializa en la hipnosis de la música, lo que le permite nublar el juicio de quien la escuche cantar o la observe bailar, generalmente usa la música para encantar a los animales, en especial a las cobras. Y, como si fuesen absorbidos por la melodía, responden a su voluntad.

Esta hipnosis también le permite sacar el potencial de agresividad de sus víctimas, provocando que se autosugestionen como guerreros "poderosos" y, absortos por la sugestión, deciden atacar de forma temeraria bajo la falsa creencia de que son invencibles.

## Charun

Es el demonio etrusco de la muerte y atormenta el alma de los muertos en el más allá.
    Es un Duque al mando de 23 legiones.

## Chassi

Demonio a quien los habitantes de las Islas Marinas atribuyeron el poder de atormentar a los que caen en sus manos.

## Chiridireyes

Demonio que auxilia a los viajeros. Se presenta como un peregrino montado en un caballo. Ayuda cuando en algún viaje alguna de las personas está teniendo algún problema, ya sea con deshidratación, falta de comida, pero quien esté a punto de recibir la ayuda tiene que tener cuidado ya que el precio por la ayuda puede llegar a ser muy alto.

## Cobolios

Demonios que habitaban cerca de las casas de los antiguos sármatas. Creían que estos demonios vivían entre los huecos de los árboles.

### Corson

En demonología, Corson es uno de los cuatro reyes principales que tienen poder sobre los setenta y dos demonios que supuestamente están constreñidos por el Rey Salomón, según la Llave Menor de Salomón). Corson no debe ser conjurado excepto en grandes ocasiones. Él es el rey del oeste según algunas traducciones de La Llave Menor de Salomón, y rey del sur según Pseudomonarchia Daemonum. Los otros tres reyes demonios de las direcciones cardinales son Amaymon, Ziminiar y Gaap.

(Aunque algunas traducciones de la Llave Menor de Salomón consideran que Belial, Beleth, Asmodai y Gaap son los reyes de diferentes direcciones cardinales, sin especificar la dirección cardinal que gobiernan)

. . .

## Crocell

Crocell se manifiesta como un ángel que habla de formas misteriosas y oscuras. Considerado duque del infierno, gobierna 48 legiones y está asociado con la enseñanza de las ciencias liberales y la geometría. Puede calentar cuerpos de agua.

## Cupai

Espíritu maligno que, según los floridianos, es el presidente de los lugares en que los delincuentes pagan sus crímenes después de morir.

## Dagon

Demonio del mar. Ocupa la segunda categoría en la jerarquía infernal. Era un dios de los filisteos que adoraban bajo la forma de un tórax humano con una gran cola de pescado.

## Dantalion

. . .

Dantalion, el Gran Duque del Infierno, comanda 36 legiones. Un profesor de artes y ciencias, Dantalion conoce y puede cambiar los pensamientos de las personas y puede hacer que se enamoren.

Asume múltiples formas, tanto masculinas como femeninas.

**Decarabia**

El demonio Decarabia se identifica como Rey, Conde o Gran Marqués del Infierno. Dirige 30 legiones y conoce los poderes de piedras y hierbas. Puede transformarse en cualquier pájaro con la habilidad de cantar y volar. A menudo se le representa como una estrella de pentagrama.

**Eligos**

Eligos, el Gran Duque del Infierno, gobierna 60 legiones de demonios. Conoce el resultado futuro de las guerras, descubre cosas que han estado ocultas y atrae el favor de personas y gobernantes importantes. Se le representa como un caballero que lleva una lanza montando un caballo espectral que puede tener alas.

. . .

**Focalor**

Focalor es un gran duque que se muestra con las alas de un grifo. Vuelca barcos y ahoga hombres. en las aguas, dominando los mares y el viento. Se sienta a la cabeza de 30 legiones.

**Foras**

Foras, también llamado Forcas o Forras, es profesor de ética y lógica. Conoce las virtudes de las piedras preciosas y las hierbas y puede hacer que los hombres sean más elocuentes e ingeniosos. Según algunas fuentes, también puede dar a los hombres la capacidad de volverse invisibles. Conocido como otro "presidente del infierno", Foras comanda 29 legiones.

**Forneus**

Forneus, un gran marqués del infierno, enseña lenguaje y retórica. Puede hacer que los hombres sean amados por amigos y enemigos por igual, y puede darles un buen nombre. Forneus es visto como un monstruo marino, pero puede asumir muchas formas, incluida la humana.

. . .

El demonio Forneus es principalmente un demonio de protección. Aunque la mayoría de la gente piensa que los demonios son como malhechores, Forneus en realidad protege a otros de los actos de los malhechores. Antes de la gran división entre los espíritus, el Marqués Forneus sirvió tanto en la Orden de Tronos como en la Orden de los Ángeles.

Cuando entre los ángeles su deber era ayudar a canalizar la energía positiva para garantizar que la justicia y el equilibrio fueron garantizados, sobre todo para los débiles o los que habían sido víctimas innecesarias. Él continúa trabajando de manera similar y es uno de los demonios que los invocadores recurren en busca de ayuda en momentos de peligro e injusticia.

Forneus puede otorgar una buena reputación a los que son merecedores. Se destaca en la enseñanza de las artes comunicativas incluyendo idiomas y retórica. El Marqués también puede influir en los demás para hacer crecer un cariño o admiración por una persona de su elección, independientemente de los juicios y condiciones anteriores.

Aunque está clasificado como un Marqués, Forneus aparece en un traje similar a lo que pensamos que es un uniforme "del Rey". Viste una túnica roja con interior blanco y negro y una corona de Marqués en la cabeza.

. . .

Su forma de demonio es la de un monstruo marino gigante como los que se hablan en los libros y películas de ciencia ficción, aunque esta parece ser más su forma "guardián" y no la que utiliza para comunicarse.

**Furcas**

Furcas o Forcas, un Caballero del Infierno, enseña lógica, retórica, astronomía, filosofía, adivinación por medio del fuego y lectura de la palma de la mano. Por lo general, se lo muestra como un anciano con largo cabello blanco y barba montando a caballo y llevando un tenedor de brea.

Puede hacerse invisible, es ingenioso y elocuente al hombre. También puede encontrar las cosas perdidas y descubrir tesoros.

**Furfur**

Furfur, el Gran Conde del Infierno, es conocido como un mentiroso, nunca dice la verdad a menos que se vea obligado a entrar en un triángulo mágico.

. . .

Él puede crear tormentas con truenos y relámpagos y enamorar a hombres y mujeres. Furfur se muestra como un ciervo o ciervo alado y, a veces, como un ángel. Su nombre es una corrupción del latín "furcifer" para sinvergüenza.

Aunque es conocido como un hombre, como lo acabamos de ver, en forma humana aparece como una mujer hermosa con el pelo rubio, ojos azules, alas blancas. En forma de demonio aparece como un ciervo volador con una cola de fuego. Furfur habla con una voz un poco ronca.

Esta Condesa demonio se refiere a sí misma casi exclusivamente con el amor y la guerra (y el amor a la guerra).

Ella no oculta su gran pasión por la batalla y puede inspirar esa sensación en incluso el más pasivo de sus seguidores. Por otro lado, Furfur a menudo crea el amor entre un hombre y una mujer y revelará los secretos pensamientos de los demás para el conjurador.

A menos que hayas demostrado lealtad a Furfur o a otros demonios, lo más probable es que le mienta al conjurador a menos que sea obligada a entrar en un triángulo mágico donde solo puede decir la verdad.

. . .

Sin embargo, no se aconseja el uso de la fuerza, trucos, o de órdenes para ganar acceso al poder de cualquier demonio.

## Gaap

Un príncipe demoníaco que asume forma humana e incita al amor, Gaap enseña artes liberales y filosofías. Roba a los familiares de los magos, vuelve estúpidos a los hombres y puede impartir el poder de la invisibilidad. Dirige 66 legiones.

## Gamigin / Samigina

El Cuarto Espíritu es Samigina, un Gran Marqués. Se manifiesta en forma de un Pequeño Caballo o Asno, y luego en forma humana, pues, se cambia a sí mismo a petición del Exorcista. Habla con una voz ronca. Domina sobre 30 legiones de inferiores. Enseña todas las Ciencias Liberales y da cuenta de las almas muertas que murieron en pecado. Y su sello es este, que es para ser usado por el Conjurador cuando le está invocando, etc.

. . .

Un demonio de la luz del día que enseña a los demás las ciencias liberales, el Marquez Samigina (también conocido como Gamigin, Gamygin o Gamigm) tiene dos formas demoníacas. La primera es la de un burro y la otra es la de un hombre corpulento con una apariencia áspera y una voz aún más áspera.

Lo que hace esto más interesante es que la "verdadera" forma humana de Samigina es indudablemente femenina. Como con la mayoría de los ángeles caídos, esta Marquesa tiene un par de alas en su verdadera forma y se dice que tiene los ojos muy oscuros, casi negros.

A pesar de ser buena profesora de humanidades, Samigina raramente es convocada para tal propósito. Es otro poder por el cual es buscada – un poder que otros pocos demonios son bien capaces o dispuestos a compartir. Samigina puede decir al invocador el estado de los que han muerto y pasado a otro plano de la existencia.

## Glasya-Labolas

Glasya–Labolas es un Poderoso Presidente y Conde, y se muestra en la forma de un Perro con alas como de Grifo.

Enseña todas las Artes y las Ciencias en un instante, y es autor de El Derramamiento de Sangre y el Homicidio.

. . .

Enseña también todas las cosas pasadas y futuras.

Si se desea provoca el amor tanto de amigos como de enemigos. Puede hacer invisible al Hombre. Y tiene bajo su mando 36 Legiones de Espíritus.

Una vez un joven prodigio entre las Órdenes Angelicales, Glasya–Labolas es un joven demonio potente y rebelde, que puede comandar un gran poder en caso de que opte por hacerlo. Después de unirse a la rebelión contra las Órdenes, Labolas fue arrojado con los otros seres (ahora considerados demonios) y parece que no lo tomó bien.

Profundamente inteligente y extraordinariamente dotado, el joven Conde estudió tanto como pudo de la sabiduría ancestral de su pueblo. Es un maestro de todos los secretos de las ciencias ocultas y puede usar estos secretos contra sus enemigos si decide hacerlo.

Se cree que Glasya–Labolas tiene un poco de mal humor y tiene un considerable lado oscuro cuando está alterado.

. . .

Puede enseñar sus secretos a los que son seguidores leales a él, también es a veces llamado el "autor del derramamiento de sangre y el homicidio". Al ser cuestionado, este poderoso demonio no dudará en matar a sus enemigos o los enemigos de sus amigos.

Cuando es tentado, ejerce su gran poder a través de la pura fuerza de la violencia y la muerte, teniendo poca misericordia para aquellos que se oponen a él.

Para los que son leales a él le puede enseñar casi cualquier cosa. Sabe todo lo que hay que saber acerca de cualquier tema, incluyendo el pasado y el futuro. Conoce los secretos de hacer una persona invisible y puede incluso generar amor y respeto entre amigos y enemigos por igual.

En su forma demonio, Glasya–Labolas aparece como un perro con alas como un grifo. En su forma humana/angelical aparece como un hombre joven, un adolescente tal vez, con el pelo rubio corto y alas blancas.

## Gremory

Gremory o Gomory gobierna 26 legiones en su calidad de duque del infierno. Él cuenta todas las cosas, revela tesoros escondidos y procura el amor de las mujeres. De hecho, se le representa como una mujer hermosa con una corona en la cintura montada a horcajadas sobre un camello.

## Haagenti

Haagenti, un gran presidente del infierno, hace sabios a los hombres. Puede instruir a los humanos en todos los temas, transformar cualquier metal en oro y convertir el agua en vino (o el vino en agua). Visto como un toro con alas de grifo, comanda 33 legiones de demonios.

## Halphas

Halphas (también conocido como Malthus) es el Conde del Infierno de voz ronca al mando de 26 legiones.

A menudo representado como una cigüeña, construye torres llenas de municiones y tiene la capacidad de comenzar guerras.

Sus torres son torres de suministro que proporcionan armas y armaduras para soldados a cuya causa se ha dedicado. Halphas es el demonio patrono de los soldados, a menudo les suministra munición extra en momentos desesperados.

El Conde demonio no se detiene allí. De vez en cuando se unirá en la batalla, quemando aldeas y fortalezas por igual. Se le conoce como el castigador de los enemigos e incluso puede causar guerras para acabar con aquellos que se le oponen. Sus 26 legiones se encuentran entre las más experimentadas de todos los demonios, también los envía en batalla para apoyar las misiones de otros demonios si surge la oportunidad.

**Haures**

Haures, también llamados Flauros, Flavros, Hauras y Havres hablarán libremente de la caída de los ángeles. Él puede destruir a los enemigos de aquellos que lo conjuren, y hablará de todas las cosas pasadas y presentes.

Es un Gran Duque, y se manifiesta en un primer momento como un Leopardo, poderoso, terrible, y fuerte, pero después de un tiempo, bajo el comando del Exorcista, cambia a forma humana. Forma con ojos llameantes y feroces y con un semblante terrible. Da respuestas verdaderas de todas las cosas presentes, pasadas y futuras. Pero si no se le ordena dentro en un triángulo, mentirá en todas las cosas, y engañará y seducirá al exorcista en estas cosas, o en tal o cual negocio.

Él, por último, hablará de la creación del mundo y de la divinidad, y de cómo cayó él y otros espíritus. Consumirá y abrasará a los que sean enemigos del Exorcista en caso de que así lo desee; tampoco sufrirá por la tentación de otro Espíritu de ninguna manera.

**Incubus**

Un íncubo es un demonio masculino que se involucra en actividades sexuales con mujeres dormidas para engendrar hijos demoníacos. La contraparte femenina de un íncubo es un súcubo.

**Ipos**

Es un Conde, y un Poderoso Príncipe, se manifiesta en forma de un Ángel con la cabeza de León, patas de Ganso, y cola de Liebre. Sabe todas las cosas Pasadas, Presentes y Futuras. Hace a los hombres ingeniosos y audaces. Gobierna 36 Legiones de Espíritus.

. . .

Ipos es uno de los demonios más misteriosos que se describen en los textos antiguos. La descripción de su aspecto hace que sea difícil de imaginar su forma.

Ipos es a la vez un Conde y un Príncipe entre sus pares. Puede hacer que la persona más tímida gane confianza, sea ingeniosa y audaz. Sus servicios son muy codiciados por aquellos conscientes del impacto de sus poderes. Hace que la gente aburrida sea interesante y que las mentes promedios parezcan intelectuales.

Algunos que han convocado a Ipos han declarado que es la misma entidad que el dios egipcio Anubis. Se dice que Anubis es casi diez pies de alto y musculoso, con la cabeza de un chacal. De esta forma actúa como un protector y guía para las almas de los difuntos.

**Krampus**

Krampus representado como mitad cabra, mitad demonio; una bestia horrenda que literalmente azota a la gente hasta que se vuelve buena. No, Krampus no es precisamente un personaje agradable: tiene cuernos, pelo oscuro y colmillos. Es un anti San Nicolás que viene con una cadena y unas campanillas, así como una serie de varas de abedul para azotar a los niños malos. A continuación, se lleva a los niños malos al inframundo.

. . .

Su nombre se deriva de la palabra alemana krampen, que significa garra, y se cree que es el hijo de Hel en la mitología nórdica. La bestia legendaria también comparte los rasgos de otras criaturas demoníacas y terroríficas de la mitología griega, como los sátiros o los faunos. La leyenda forma parte de una tradición navideña secular en Alemania, donde las celebraciones de Navidad comienzan a principios de diciembre.

Krampus se concibió como contrapartida al amable San Nicolás que daba golosinas a los niños.

El monstruo azotaba a los niños malos y se los llevaba a su guarida.

Según el folclore, Krampus aparece la noche antes del 6 de diciembre, conocida como Krampusnacht o noche de Krampus.

El 6 de diciembre también es el Nikolaustag o día de San Nicolás, cuando los niños alemanes comprueban si el zapato o la bota que han dejado la noche anterior contiene regalos (una recompensa por su buen comportamiento) o una vara (para los malos).

. . .

## Legión

Legión se refiere a un grupo de demonios mencionados en la Biblia que Jesús expulsó de un hombre de Gadara a una piara de cerdos. Marcos 5: 9 dice: "Y le preguntó: ¿Cómo te llamas?" él respondió, diciendo: "Mi nombre es Legión, porque somos muchos".

## Leraje

Leraje o Leraie es un Gran Marqués del Infierno responsable de provocar batallas y hacer que las heridas se gangrenen. A veces asociado con el astrológico Sagitario, comanda 30 legiones de demonios y se lo representa como un arquero vestido de verde que lleva un carcaj y un arco.

Al principio, Leraje aparece como un guapo arquero y vestido con traje de caza verde que recuerda a Robin Hood, con arco y flechas. Tras realizar investigaciones adicionales, sin embargo, se podría encontrar que Leray no es en realidad un hombre, sino una mujer; más específicamente, una Marquesa en lugar de un Marqués.

. . .

Sin su disfraz de Robin Hood, Leraje (pronunciado "Leray") lleva todas las apariencias de las antiguas reinas egipcias, tales como un vestido de oro, joyas de oro, pelo, maquillaje y joyas similares a una joven Cleopatra. Ella es pequeña en estatura y parece ser bastante joven y hermosa.

La Marquesa tiene sus intereses igualmente en el amor y la guerra, a veces ambas cosas al mismo tiempo. Puede hacer que las heridas de batalla se supuren y se pudran, pero también tiene la capacidad de curar este tipo de heridas. Ella crea batallas entre la humanidad, y sus flechas poseen veneno, que causa enfermedades en las heridas que crean. Por lo tanto, ser golpeado por las flechas "bendecidas" de Leraje provoca gangrena e infecciones haciendo que las heridas sean casi imposibles de curar (sin su ayuda).

En el reino del amor, parece ser más Robin Hood que Cupido. El demonio es más conocido por romper relaciones amorosas y matrimonios.

Ella puede influir y causar conflictos en la vida amorosa, así como causar o eliminar la atracción a otro.

. . .

Leraje también controla los vientos y el clima, puede enseñar al invocador sobre la meteorología y la predicción del tiempo. Ella también parece disfrutar rememorar los tiempos antiguos, cuando los antiguos dioses gobernaban.

## Leviatán

El monstruo marino Leviatán aparece en el Antiguo Testamento. Fue utilizado como una imagen de Satanás en la Edad Media, amenazando la creación de Dios como el demonio de la envidia.

Como tal, Leviatán es uno de los siete príncipes del infierno correspondientes a los siete pecados capitales.

## Lucifuge Rofocale

Lucifuge Rofocale está a cargo del gobierno del infierno.

En la demonología moderna, se cree que es uno de los once gobernantes de los reinos infernales.

. . .

## Malphas

Malphas, un gran príncipe del infierno, es Satanás segundo al mando, destruyendo los pensamientos, deseos y fortalezas de los enemigos y reuniendo rápidamente todos los artificios del mundo para sí mismo. Él aceptará cualquier tipo de sacrificio y se sienta a la cabeza de 40 legiones.

Al igual que el Conde Halphas, el Presidente Malphas se centra en la estrategia y la defensa en primer lugar, la construcción de altas torres y casas a fin de apoyar sus defensas y espiar al enemigo. Malphas puede revelar secretos del enemigo para un invocador, así como noticias de lo que han estado haciendo. Un maestro de la magia, que puede tanto crear y destruir. Manipula los pensamientos y deseos de los enemigos. Como un maestro de la creación mágica, parece que está particularmente involucrado en la construcción de artefactos mágicos, entre ellos trayendo objetos inanimados a la vida, como golems. Para invocadores avanzados, Malphas también ofrece buenos familiares para ayudar en las artes mágicas.

Malphas tiene una de las presencias más poderosas entre todos los demonios.

. . .

Cuando se establece comunicación con los demonios, un invocador experimentado generalmente puede ver el aura que les rodea. El color y el tamaño del aura son representativos de nuestra verdadera naturaleza, por lo menos en el momento. Invocadores capaces de ver las auras de los demonios describen un aura demoníaca típica como azul brillante, lo que significa un alto nivel espiritual y capacidad mental/psíquica avanzada. De todos los demonios, Malphas tiene posiblemente el mayor aura, también de color azul brillante.

Se dice que se puede sentir literalmente su poder a través de este aura.

De hecho, muchas veces es tan brillante que casi no se puede ver a Malphas en absoluto, excepto por sus ojos azules brillantes.

## Mammon

En la Edad Media, Mammon fue personificado como uno de los siete demonios en el infierno que se corresponden con los siete pecados capitales, en este caso la riqueza y la codicia.

. . .

Se dice que es un hecho que este demonio posee una avaricia monstruosa y tiene la poderosa capacidad de corromper y absorber a los hombres inocentes, para que estos se enfoquen en construir cosas mundanas, en lugar de preocuparse por las virtudes que puedan llevar consigo al reino de los cielos.

Hay quienes aseguran que este demonio es feliz ante los abusos que cometen las personas para incrementar la brecha entre ricos y pobres, éste busca conseguir que las almas de las personas se conviertan de la servidumbre del alma humana a la sed desmedida por adquirir dinero, ya sea para hundirse en las aguas del hedonismo desmesurado o para rendir culto al vacío, trabajando para fantasmas como el estatus o el poder económico.

Mencionado por Jesucristo en el Sermón de la Montaña, Mammón es un demonio que no comparte su espacio con los deseos que Dios inspira en el hombre, pues como dijo El Maestro, "no podéis servir a Dios y a Mammón"

## Marax

El demonio Marax, también llamado Morax o Foraii es un Gran Conde y Presidente del Infierno a cargo de 32 legiones de demonios. Es profesor de ciencias liberales y astronomía, con conocimientos de hierbas y piedras. Se le representa como un hombre con cabeza de toro.

Marax es otro demonio cuyo aspecto puede, en principio, ser engañoso. A diferencia de algunos de los otros espíritus que cambian de forma, Marax no tiene la intención de intimidar al invocador. En su lugar, este espíritu tiene por objeto probar al invocador para asegurarse de que esté listo para la información de alto nivel que Marax es capaz de proporcionar.

Cuando es llamado, un toro se aparece al invocador y probablemente no dará ninguna información hasta que el invocador lo pida (con educación), que el toro tome una forma en la que pueda hablar. En este punto, el toro puede transformar su cabeza en la cabeza de un hombre. Muchos demonologistas describen a Marax con el cuerpo de un hombre y la cabeza de un toro – como un minotauro – pero esto es incorrecto.

Aún así, la verdadera forma de Marax no es ninguna de estas, sino más bien la de una mujer vestida con el estilo de la antigua nobleza egipcia tradicional.

Algunos creen que esta mujer sea la diosa egipcia Ma'at. Ma'at era la diosa de la justicia y se casó con Thoth, el dios de la sabiduría. Ambas deidades estaban involucradas en la antigua práctica de pesar el corazón de los muertos, para asegurarse que la luz del corazón sea permitida en el más allá. Ma'at era una de las figuras más importantes de todo el antiguo Egipto, siendo la diosa que encarna los principios básicos de la verdad, la justicia, el orden y los mismos conceptos de gobierno y sociedad.

En cualquier forma de toro-rostro de hombre o la forma de diosa femenina, Marax puede enseñar, a los que son dignos de invocarla, los secretos de la astronomía y la astrología, así como otras ciencias liberales. La Condesa también sabe todo sobre hierbas y piedras y su papel en los ritos mágicos y rituales. Marax también puede proporcionar familiares a sus seguidores avanzados para ayudar en la práctica de la magia y es muy respetado entre sus compañeros.

**Mefistófeles**

Un demonio ampliamente aceptado en el folclore cristiano, Mefistófeles se deriva de la tradición alemana, especialmente la leyenda de Fausto, quien llegó a un acuerdo con el diablo.

Mefistófeles también se menciona en "Las alegres esposas de Windsor" de Shakespeare. La tradición sostiene que Mefistófeles llega a recoger las almas de los condenados.

## Merihem

El demonio Merihem es el príncipe de la pestilencia, responsable de enfermedades y plagas.

## Moloch

Moloch fue un dios adorado por los Fenicios y cananeos que exigieron el sacrificio de niños. En la literatura cristiana, se usa en sentido figurado para describir a los demonios que exigen sacrificios costosos.

## Murmur

En demonología, Murmur o Murmus es un Gran Duque y Conde del Infierno, y tiene treinta legiones de demonios bajo su mando. Es un demonio de la música.

Es profesor de Filosofía, y puede obligar a las almas de los difuntos a presentarse ante el exorcista para responder a todas las preguntas que desee. Pertenecía en parte al coro de los Tronos y parte al de los ángeles. Antes de su rebelión contra Dios, Murmur mantuvo el nombre de "Matthias".

Murmur se representa como un soldado que monta un buitre o un grifo, y que lleva una corona ducal. Dos de sus ministros van delante de él haciendo sonidos con sus trompetas o portando antorchas. Algunos autores lo presentan simplemente como un buitre.

**Naberius**

Naberius, a veces llamado Cerbere o Naberus es un demonio al mando de 19 legiones. Tiene el poder de hacer que los humanos sean astutos en las artes y las ciencias y es especialmente hábil para hablar y retórica.

También está asociado con la restauración de honores y dignidades perdidos.

Naberius (como la mayoría de los demonios) tiene más de una forma. Su forma de demonio principal es la de un perro de tres cabezas. Además puede ir a los cielos como un cuervo negro o puede tomar una forma humana. Una teoría es que debido a su trabajo dedicado a los antiguos dioses (y en verdad, ninguna criatura era más dedicada a su amo como Cerberus), fue liberado por su amo Hades y se le concedió el honor de unirse a los antiguos dioses como su igual. Después de haber vivido toda su vida en el mundo terrenal ahora es capaz de caminar por la tierra en forma humana o surcar los cielos como un cuervo. Como su compañero demonio Valefor, Naberius no tiene un tono de piel normal. La piel de ambos demonios tiene un profundo tono verdoso, como si procediesen de diferentes estirpes genéticas que los otros.

Independientemente de su historia personal, el Marqués Demonio Naberius es considerado como el más valiente de todos los demonios. Habla con una voz potente, pero ronca, pero se sabe que es muy elocuente en su discurso. No es de extrañar, Naberius se considera el guardián interno de los demonios. Juega un papel algo político, manteniendo un ojo en todo lo que sucede en el mundo de los demonios. Se le ha dado el poder de quitar filas y honores de los indignos y también puede restaurar los honores perdidos a los que han sido injustamente despojados de su rango y dignidad. Esto va para los seres humanos más que los compañeros demonios.

**Orias**

Orias, también llamado Oriax, es un Gran Marqués del Infierno al mando de 30 demonios. Enseña las mansiones de los planetas y las virtudes de las estrellas. Tiene la capacidad de convertir a un humano en cualquier forma.

## Orobas

Orobas, un gran príncipe del infierno al mando de 20 legiones, se representa como un caballo, pero puede transformarse en un hombre. Si es conjurado, será fiel al invocador y no permitirá que ningún espíritu lo tiente.

## Ose

El gran presidente del infierno, Ose, hace a los hombres sabios en las ciencias liberales. Si se conjura, se le puede indicar que vuelva loco a cualquier persona para que crea cualquier engaño. Ose comanda tres legiones y es representado como un leopardo con la capacidad de asumir forma humana.

## Paimon

Paimon, uno de los reyes del infierno, ruge con una voz poderosa, pero cuando es conjurado responderá a las preguntas que se le hagan. Enseña filosofía, artes y ciencias y, sobre todo, revela los misterios de la tierra, el viento y el agua. Él se representa como un hombre con rasgos afeminados que monta un dromedario y lleva una corona.

## Phenex

Phenex, un gran marqués del infierno, comanda 20 legiones. Poeta y maestro de ciencias, Phenex es un ángel caído que espera regresar al cielo. Se le muestra como un fénix y canta con la voz de un niño.

## Penemue

Se le describe como un hombre alto y delgado que mide el doble de la altura de un humano, con elegantes alas emplumadas que brotan de su espalda. A su lado tiene una espada larga, pero parece mucho más interesado en el libro que está leyendo.

Es un curador de la estupidez en el hombre. Como ángel asociado a Abraxiel (Abraxas), es probable que Penemue también pertenezca a la orden de los ángeles curadores llamados los Labbim. Él enseñó a los hombres a entender la escritura, y el uso de la tinta y el papel. Por lo tanto, han sido numerosos los que se han extraviado en todos los períodos del mundo, incluso hasta el día de hoy.

Debido a la estupidez curativa del hombre, lamentablemente, ahora han sido adictos al método de la escritura y al uso de la tinta.

Muchos de los ángeles caídos se han dedicado a vagar por las esferas, pero algunos se han encargado de establecerse. Como ya no son bienvenidos en las esferas superiores, buscaron en las esferas inferiores su nuevo hogar. El Infierno era demasiado rígido, y la aristocracia de allí no toleraba la presencia de ángeles, ni siquiera de los caídos, hasta que sirvieran al rey.

El Purgatorio, sin embargo, no tenía esa jerarquía. Un grupo de parias se instaló allí, luchando contra las fuerzas demoníacas y otras fuerzas abisales y reclamando un poco de caos en bruto como propio. Estos Grigori son conocidos por la mayoría como los Caídos. Se sabe que los Grigori residen en Nava Siyyon, como llaman a su hogar.

De ellos, quizás la historia más extraña es la de Penemue.

Originalmente uno de los archivistas de las esferas superiores, el Escriba no tenía ninguna causa real para rebelarse contra sus amos. Al menos, eso es lo que cree la mayoría. La verdad es, por supuesto, mucho más complicada.

## Demonología

. . .

Penemue, según la mayoría, se dedicaba a su dominio de las palabras y la escritura. Su existencia estuvo marcada únicamente por su amistad con Ramiel, la esperanza. Cuando Samael empezó a dudar, acudió a Ramiel en busca de un consejo. Ramiel lo llevó a Penemue, con la esperanza de que el Escriba pudiera encontrar las palabras para calmar las dudas de Samael. Para sorpresa de todos, Penemue no pudo encontrarlas. En su lugar, sugirió a Samael que reflexionara sobre las cuestiones, y que luego escribiera sobre ellas para ayudar a otros con las mismas dudas. El resto, como se dice, es historia.

Pocos mortales han leído las palabras que escribió Samael, pero los que lo han hecho insisten en que sus argumentos eran persuasivos. Penemue, por lo menos, estaba convencido. En contra de la voluntad de los antiguos dioses, enseñó a los mortales las artes de la pluma.

Él, y los demás que se rebelaron, fueron expulsados. Penemue, a falta de otras opciones, se unió a los Caídos, y hasta hoy actúa su como cronista. Los valientes (algunos dicen que tontos) mortales todavía le llaman para que aprenda las artes secretas del lenguaje, pues Penemue sigue siendo el maestro indiscutible de las palabras.

. . .

Pues con la sabiduría que se les brindaba, deseaban aprender más y la escribían constantemente en el papel.

Se dice que ni siquiera la muerte, que todo lo destruye, los ha afectado. Con el conocimiento que adquirieron, es cuando perecen, y por esto también su poder los consume. Se dice que Penemue enseñó al hombre a mentir mucho antes de que los pecados llegaran a la Tierra.

**Pitio**

El príncipe del infierno, Pitio, ordena a los espíritus mentirosos y da falsas profecías. A menudo se le muestra como una serpiente. Es probable que el nombre sea de origen griego.

**Pruflas**

Pruflas, gran príncipe y duque del infierno, comanda 26 legiones. Él lleva a los hombres a contar mentiras y peleas, aunque responderá las preguntas con sinceridad si se le llama. Además, Pruflas genera pobreza y cose discordia. Se le muestra con la cabeza de un león o un halcón.

• • •

## Raum

El Gran Conde del Infierno, Raum, comanda 30 legiones. Aunque representado como un cuervo, puede adaptarse a la forma humana. Tiene el poder de reconciliar amigos y enemigos, y de hablar de cosas pasadas y presentes, pero también se le describe como un destructor de ciudades. Raúl tiene un cariño especial por apuntar al alma de los niños.

## Ronove

Ronove, un gran conde y marqués del infierno enseña retórica, lenguas y arte.

Él comanda 20 legiones y es conocido como un tomador de almas viejas, viniendo a la tierra para tomar las almas de humanos y animales que están cerca de la muerte.

Es un maestro que usa la mente para afectar el mundo físico. Mueve el poder de la llama con solo su mente.

También tiene el poder de la telequinesis, que es la capacidad de mover objetos físicos sin tocarlos, y puede enseñar esto a los invocadores, a pesar de que solo lo hará a las personas más dedicadas a su causa.

Como habíamos dicho es un tomador de almas viejas.

Su papel es algo parecido a lo que conocemos como el "ángel de la muerte" y recoge las almas de los seres humanos y animales que son viejos y están en los confines de la muerte misma.

A pesar de que se le conoce como un "buen chico" con un buen sentido del humor, Ronove toma este papel en serio y se considera en gran medida un campeón de los muertos y casi fallecidos.

**Sabnock**

Sabnock, un gran marqués del infierno, construye y equipa torres con municiones. Hace que las heridas formen llagas infestadas de gusanos y desarrollen gangrena. Sabnock comanda 50 legiones y es visto como un soldado con cabeza de león montado en un caballo pálido.

. . .

## Saleos

Saleos, un gran rey del infierno a cargo de 22 legiones, puede encontrar tesoros, predecir el futuro y localizar cosas ocultas. Se le muestra como un hombre con cara de león. En una mano sostiene una víbora y está representado a horcajadas sobre un oso.

A pesar de ser un guerrero poderoso en su propio derecho, el Duque Saleos es en realidad uno de los más dulces y sensibles de los espíritus demoníacos. Él es, como dice el refrán, un "amante, no un luchador". Es decir, prefiere estimular el amor, la lujuria y el placer durante la guerra, el caos y la violencia.

Él puede hacer que la gente se enamore y puede incitar a la lujuria y la pasión en el objeto de los deseos del invocador, pero no lo hace de una manera espeluznante como algunos otros demonios (véase el demonio Sitri para un ejemplo). El objetivo de Saleos es fomentar el florecimiento de las relaciones a través de cualquier medio necesario. No puede hacerlo de la manera más "angelical" posible, pero al mismo tiempo Saleos alienta la fidelidad en la pareja por encima de todo.

## Shax

. . .

Shax, un gran marqués del infierno, comanda 30 legiones de demonios montados en caballos malvados. Él toma la vista, el oído y la comprensión de los hombres a las órdenes de los que lo conjuran y también robarán dinero y caballos. Shax es un mentiroso, pero habla con una voz maravillosa. Se le representa como una cigüeña.

## Sitri

Sitri, al mando de 60 legiones, el Gran Príncipe del Infierno, hace que los hombres amen a las mujeres (y que las mujeres amen a los hombres).

Sitri se muestra con la cara de un leopardo y las alas de un grifo, pero se convierte en un hombre hermoso cuando es convocado.

Este demonio es uno de los espíritus más oscuros y solo debe ser convocado por los conjuradores más experimentados. Sitri tiene un fuerte control sobre las relaciones, pero de una manera extraña. Se dice que él puede hacer que tanto las mujeres como los hombres se enamoren. Uno de sus poderes es que puede influir en la gente para desnudarse a sí mismos y utiliza este poder sobre todo en las mujeres. También puede hacer que la gente (de nuevo, por lo general mujeres) den a luz sus secretos.

Algunos creen que Sitri es el mismo ser que el antiguo dios egipcio Seth (también conocido como Set). Seth era el dios egipcio del caos y la oscuridad y en gran medida se cree que es malo. Él engañó y asesinó a otros que se colocaron en su camino, el más famoso es su amado hermano, el dios egipcio Osiris. Sitri y Seth parecen compartir una afinidad por el caos, el engaño, y las tinieblas, y como el demonio Amon, Sitri tiene bastante en común con su alter-ego egipcio para hacer esta comparación intrigante. Si son el mismo ser o no, ni Sitri ni Seth son seres para intentar conjurar ya que ambos tienen la capacidad de ser extremadamente peligrosos.

**Stolas**

Stolas es un profesor de astronomía con conocimiento de hierbas, plantas venenosas y piedras preciosas. Dirige 26 legiones y se muestra como un búho de patas largas con una corona, un cuervo o un hombre.

Stolas es uno de los demonios menos conocidos a pesar de su rango como Príncipe.

· · ·

## Súcubo

Una Súcubo es un demonio femenino que ataca sexualmente a los hombres mientras duermen, provocando que su salud se deteriore hasta el punto de la muerte. La contraparte masculina es un íncubo.

## Ukobach

Ukobach, un demonio menor, tiene un cuerpo rojo llameante, ojos y orejas grandes, y se le ve llevando un atizador caliente o una cacerola con brasas.

Inventor de las frituras y los fuegos artificiales, su trabajo consiste en mantener el aceite en las eternas calderas del infierno. El aceite está hecho de la sangre de los condenados.

## Valac

Valac, el Gran Presidente del Infierno, comanda 30 legiones. Él revela dónde se pueden encontrar las serpientes y da respuestas verdaderas sobre la ubicación de los tesoros. Valac es representado como un niño pequeño y empobrecido con las alas de un ángel sentado a horcajadas sobre un dragón con dos cabezas.

Hoy en día, es invocado a menudo por practicantes de magia que buscan lo invocan para hallar tesoros escondidos, además es conocido y adorado por su fortaleza. Valak, es uno de los diez demonios más poderosos. También se dice que profana y toma el control de miembros de la iglesia, ya sean monjas, sacerdotes o feligreses.

## Valefor

Valefor, también llamado Malaphar o Malephar, es un duque del infierno. Controla la buena relación de los ladrones y tienta a todas las personas a robar.

Se sienta a la cabeza de diez legiones de demonios y se muestra como un león con la cabeza de un hombre o un burro.

Cuando Valefor tienta a robar, los dota con la velocidad y destreza para tener éxito en ello. A los que le da poder se dice que se han vuelto considerablemente más agudos con sus manos, ojos y mentes, todas las herramientas necesarias para un ladrón.

La mayoría de los demonios solo llegan a un invocador temporalmente mientras el invocador se queda en el círculo protector de invocación mágica. Valefor iría más allá de los límites habituales y se uniría al invocador en sus acciones.

La mayoría de los demonios solo llegan a un invocador temporalmente mientras el invocador se queda en el círculo protector de invocación mágica. Valefor iría más allá de los límites habituales y se uniría al invocador en sus acciones. Ten en cuenta que esto no es necesariamente una buena idea. Salir del círculo de invocación sin cerrar el portal al mundo de los demonios es siempre una mala idea, y este demonio particular que ha sabido engañar a algunos invocadores. Como dice el refrán, nunca confíes en un ladrón.

El Duque de Ladrones también es un experto en la "medicina mágica" y técnicas curativas ocultas. Él es capaz de curar enfermedades a través de la magia e incluso puede enseñar algunas de estas técnicas mágicas a un conjurador dedicado.

**Vapula**

El gran duque del infierno, Vapula, enseña ciencias, mecánica y filosofía. Dirige 36 legiones y se muestra como un león con alas de grifo.

. . .

## Vassago

Vassago gobierna 26 legiones. Por lo general, se lo llama para localizar objetos perdidos o para hablar de eventos pasados o futuros. Puede incitar el amor de una mujer y revelar la ubicación del tesoro escondido.

Vassago es descrito como un ángel, "justo y sincero en todos sus actos". Aunque es algo así como un cambiaformas.

La mayoría de los demonios tienen por lo menos dos formas, una humana y una demoníaca, pero Vassago parece tener muchas más, incluyendo la de un gran dragón escarlata, y que se muestra como uno de los seres extraterrestres conocidos como "los Grises".

## Vepar

Vepar, otro gran duque del infierno, gobierna las aguas y crea mares agitados y tormentosos. Puede matar a los hombres en tres días, afligiéndolos con heridas y llagas que se pudren y engendran gusanos. Sin embargo, si se lo pide un mago, Vepar puede curarse instantáneamente.

· · ·

Aunque se le conoce como hombre, se le representa como una sirena.

Puede guiar acorazados con seguridad a casa o puede hacer que se pierdan irremediablemente. Al igual que su compañero demonio Focalor, él puede mandar a los vientos y al mar, creando tormentas furiosas. Si se le desea, también puede hacer que barcos fantasmas aparezcan y desaparezcan a sus órdenes.

En un minuto un barco podría estar solo en el mar y de repente una flota de barcos misteriosos podría aparecer en el horizonte, o desaparecer con la misma facilidad.

Vepar también puede ayudar a una persona a levitar, en particular sobre el agua, y puede causar una enfermedad grave, especialmente para los hombres en el mar. Las personas afectadas por la peste tienen aproximadamente tres días antes de morir. Durante ese tiempo sus entrañas supuran y se infestan con gusanos.

**Vine**

Vine o Vinea es un Gran Rey y Conde; se aparece en la forma de un León, cabalgando sobre un caballo negro, y sosteniendo una víbora en la mano. Su oficio es descubrir las cosas ocultas, brujas, magos y las cosas presentes, pasadas y futuras. Al mando del exorcista construirá Torres, derribará grandes Muros de Piedra, y hace a las aguas turbulentas con tormentas.

Gobierna 36 Legiones de Espíritus.

La etimología de su nombre parece ser la palabra del latín "vinea", vino, que es también el nombre dado a las antiguas máquinas de guerra hechas de madera y cubiertas con cuero y ramas, usadas para derribar muros.

**Xaphan**

El demonio Xaphan fue arrojado del cielo con Satanás y se dice que concibió la idea de prender fuego a los cielos antes de la expulsión. Por esta razón, se le muestra sosteniendo un fuelle, que usa para avivar los fuegos del infierno.

**Zagan**

. . .

Un gran rey y presidente del infierno, Zagan da a los hombres un mayor ingenio, convirtiendo el agua y la sangre en vino y el vino en agua. Puede convertir el metal en monedas y dar sabiduría a los necios.

El comandante de 33 legiones de demonios, se muestra como un toro con alas de grifo que se pueden transformar en un hombre.

## Zepar

El Gran Duque del Infierno, Zepar, comanda 26 legiones compuestas por espíritus inferiores. Él sobresale en hacer que las mujeres amen a los hombres, pero luego hace que las mujeres no puedan dar a luz. Se le muestra como un soldado vestido con ropa y armadura de color rojo.

## Conclusión

En este texto he tratado de ofrecer una examinación equilibrada de la demonología en el contexto del pensamiento cristiano occidental. Mi propio interés en el tema se encendió después de que se me sugirió que el cuidado de un pariente anciano con demencia permitía que el diablo entrara en mi casa y, potencialmente, saltara de mí a mis amigos y conocidos.

Si bien esta afirmación provino de un individuo bien intencionado que abrazó una visión religiosa más fundamentalista que la mía, todavía la encontraba sorprendente e inquietante. Aficionado desde hace mucho tiempo a lo paranormal tanto en formato escrito como visual, me di cuenta de que una especie de percepción popular reaccionaria de los demonios y el mal que impregna nuestra sociedad.

Ese cuerpo de "sabiduría popular" tiene poca semejanza con el papel que se percibe que juegan los demonios en el orden celestial descrito en las Escrituras. Por supuesto, incluso existe una trampa en usar la palabra "escritura" en un tono definitivo, al menos desde una perspectiva académica secular. Hay muchas versiones de la Biblia.

Algunos libros aparecen en el Antiguo Testamento católico, por ejemplo, que no se consideran canónicos en la Biblia cristiana.

Descubrimientos como los Rollos del Mar Muerto ponen en duda qué libros deberían reunirse en cualquier versión de la Biblia, ya que muchos de esos textos representan una herejía del siglo II llamada gnosticismo. Por supuesto, el gnosticismo es una herejía porque la Iglesia Católica Romana lo dijo.

¿Reflejaba el gnosticismo la vitalidad del pensamiento religioso en el tiempo inmediatamente posterior a la vida de Cristo? Ese tema no es el alcance de este libro, pero es un campo de pensamiento provocativo.

Por estas razones, he utilizado el término erudito neutral "Biblia hebrea" en referencia a escritos judíos antiguos, tanto los que hicieron el corte como los que no lo hicieron.

En ese cuerpo de material se encuentran fascinantes exploraciones del bien y el mal que operan en el mundo y

## Demonología

el papel de Satanás y los ángeles caídos en la administración de Dios del reino terrenal.

¿Hay maldad en el mundo? Claro que sí. Se necesita poco más que ver las noticias nocturnas o escanear los titulares para confirmar que todos los días les suceden cosas terribles a personas inocentes. Al explorar la fuente de ese mal, he tratado de encontrar un equilibrio entre presentar un retrato religioso de la demonología y una interpretación simbólica del tema.

Como decía en la delantera, también soy un gran aficionado a la mitología. De nuevo, permítanme repetir apresuradamente que un mito no es una falsedad. Los mitos son historias destinadas a enseñarnos cómo vivir en el mundo. Ya sea que veas las Escrituras como la palabra divinamente inspirada de Dios o como una gran obra literaria, el término "mito" se puede aplicar con precisión sin ningún juicio negativo adjunto.

Si miras la lista de descripciones de demonios individuales en este libro, verás que a cada uno se le asigna un poder particularmente engañoso y tentador. Se les dan herramientas de engaño diseñadas para que puedan desviar a los hombres del camino recto y angosto.

Ordenar a un creyente que resista los poderes de cualquier demonio es también animar a esa persona a permanecer fiel a su brújula moral cristiana.

¿Es eso lo mismo que luchar contra una posible posesión demoníaca? La respuesta a esa pregunta puede ser tanto literal como figurativa dependiendo de tu cosmovisión personal.

Independientemente, el estudio de la demonología ofrece un campo para examinar hasta qué punto permitimos que las fuerzas malignas y negativas trabajen en nuestras mentes, corazones y vidas.

Cuando tomamos una mala decisión, incluso hasta el punto de cometer un crimen, el impulso puede ser el susurro de un demonio detrás de nosotros o el eco de una idea implantada en nuestros pensamientos por una influencia mundana que no nos beneficia. El designio del mal es para mí tan misterioso como el designio del bien, pero no descarta la existencia de esta antigua lucha cósmica o la susceptibilidad del hombre a sus consecuencias.

Cuando nos detenemos para pronunciar una oración de protección o para alcanzar un artefacto bendito para alejar el mal, es posible que estemos invocando la magia particular de la fe o simplemente podemos estar haciendo una pausa para sopesar el asunto y la situación en el crisol. de nuestra escala ética personal. Independientemente, es en el espacio de esa pausa moral donde se puede hacer una mejor elección y seleccionar una dirección más verdadera.

## Demonología

No creo que sea necesario estar entre las filas de cristianos fieles para obtener beneficios del estudio de la demonología. Si tu eres un cristiano fiel, tienes que saber que el hecho de tu salvación es toda la protección que necesitas de la posesión, y la vigilancia es todo lo que se requiere para salvarse de la opresión demoníaca.

No creo que el cuidado de un paciente con demencia haya traído al diablo a mi casa. Sé que la experiencia del cuidado a largo plazo me agotó y me dejó amargado, frustrado, enojado y escéptico. Exorcizar esos "demonios" era necesario para poder ir más allá de la experiencia. ¿Fue esa recuperación divinamente inspirada? De nuevo, no lo sé.

Si se que en muchos momentos de desesperación me encontré pronunciando las primeras líneas del Salmo 23. "El Señor es mi pastor, nada me faltará. En verdes pastos me hace descansar, junto a aguas tranquilas me conduce. Él restaura mi alma".

Al llegar a sus propias respuestas a estas preguntas universales, los dejo con un deseo de aguas tranquilas y un alma restaurada.

# Bibliografía

http://www.ereticopedia.org/bernardo-rategno
https://cvc.cervantes.es/el_rinconete/anteriores/septiembre_08/04092008_02.asp
https://www.lifeder.com/demonologia/
https://www.lifeder.com/demonologia/
https://rpp.pe/virales/mas-redes/estos-son-los-9-angeles-reconocidos-en-los-textos-biblicos-noticia-1086956?ref=rpp
https://albazero.wordpress.com/2014/07/20/samigina/
https://www.google.com/amp/s/albazero.wordpress.com/2015/04/22/glasya-labolas/amp/
https://www.google.com/amp/s/albazero.wordpress.com/2015/05/08/halphas/amp/
https://www.google.com/amp/s/albazero.wordpress.com/2015/06/04/haures/amp/

www.ingramcontent.com/pod-product-compliance
Lightning Source LLC
LaVergne TN
LVHW021718060526
838200LV00050B/2733